꾸란은 무엇을 말하는가?

꾸란은 무엇을 말하는가?

발행일	2017년 8월 11일			
지은이	권 병 기			
펴낸이	손 형 국			
펴낸곳	(주)북랩			
편집인	선일영	편집	이종무, 권혁신, 이소현, 송재병, 최예은	
디자인	이현수, 이정아, 김민하, 한수희	제작	박기성, 황동현, 구성우	
마케팅	김회란, 박진관, 김한결			
출판등록	2004. 12. 1(제2012-000051호)			
주소	서울시 금천구 가산디지털 1로 168, 우림라이온스밸리 B동 B113, 114호			
홈페이지	www.book.co.kr			
전화번호	(02)2026-5777	팩스	(02)2026-5747	

ISBN   979-11-5987-723-0 03280 (종이책)   979-11-5987-724-7 05280 (전자책)

이 도서의 국립중앙도서관 출판예정도서목록(CIP)은 서지정보유통지원시스템 홈페이지(http://seoji.nl.go.kr)와
국가자료공동목록시스템(http://www.nl.go.kr/kolisnet)에서 이용하실 수 있습니다.
(CIP제어번호 : CIP2017019680)

(주)북랩 성공출판의 파트너

북랩 홈페이지와 패밀리 사이트에서 다양한 출판 솔루션을 만나 보세요!

홈페이지 book.co.kr   자가출판 플랫폼 해피소드 happisode.com
블로그 blog.naver.com/essaybook   원고모집 book@book.co.kr

이슬람 최고 권위의 경전

꾸란은
무엇을 말하는가?

주제별, 인물별로 알아보는 꾸란

권병기 지음

 북랩 book Lab

알리는 말

　한국이슬람중앙회의 자료(http://www.islamkorea.com)에 의하면, 오늘날 한국 무슬림 공동체의 형성에 직접적인 발단이 된 것은 1950년 한국 전쟁과 터키를 중심으로 한 무슬림 군인들의 참전이었다. 한국전쟁을 거치면서 오늘에 이르기까지 그 교세가 조금씩 성장해 온 한국 내 이슬람은 1970년 박정희 대통령이 모스크 부지로 지금의 서울 한남동 부지를 기증하면서, 현재는 서울 한남동의 이슬람 중앙성원을 중심으로, 부산, 경기도 광주, 전주, 안양, 인천, 대구, 안산, 경기도 파주 등에 모스크를, 그리고 서울 마천, 대전, 경기도 포천과 김포 등에 이슬람 센터를 운영하고 있다. 또 제주에는 지회를 가지고 있으며, 2017년 현재 약 4만여 명 무슬림들이 있는 것으로 알려지고 있다.

　세계화 시대의 흐름 속에서 한국도 여러 나라 다양한 문화와 종교권에서 온 외국인들을 어렵지 않게 접할 수 있게 되었다. 그들 중에는 동남아시아나 중앙아시아 그리고 중동과 북아프리카 등지에서 온 무슬림들도 있다. 비록 한국인은 아니지만 여러 이유로 한국에서 살아가는 외국인 무슬림들의 수까지 고려하면, 이젠 한국도 무슬림들과 그들의 종교인 이슬람에 대해서 마냥 무관심할 수 없는 시대를 살고 있다고 할 수 있다. 그리고 정치권에서도 경제적 투자 유치 목적으로, 이슬람 자본이나 할랄문제와 같은 이슬람 제도 등의 도입 시도도 계속 이어져 오고 있다.

뿐만 아니라, '알카에다'나 '이슬람국가(IS)'와 같은 이슬람 배경의 테러조직들로 인해 전세계적으로 살인과 폭력이 계속되고 있다.

무슬림들은 전세계 어느 곳에든지 있다. 그들은 그들이 살아가는 그 나라에서 그 나라의 사회 구성원의 한 사람으로서 살아가고 있다. 그들 중 어떤 이들은 과격한 모습을 보이기도 하지만, 대다수의 무슬림들은 보통의 시민들처럼 조용히 살아간다.

한국인들 중에 어떤 이들은 한국에서 모든 무슬림들을 몰아내고 또 무슬림들의 입국을 막아야 한다고 생각하거나 주장하는 이들도 있다. 그래야 한국이 테러로부터 안전할 수 있다는 것이다. 하지만 그것은 불가능한 이야기이다. 우리가 원하든 그렇지 않든 우리 한국인들은 다국적 무슬림들과 함께 더불어 살아가야 하는 사람들이다.

사실 우리 한국인들은 아직까지는 이슬람이나 무슬림들에 대해 잘 모르는 편이라 할 수 있을 것 같다. 그저 언론에서 비추어진 모습이 어쩌면 우리가 이슬람과 무슬림들을 이해하는 전부가 아닌가 싶다.

우리가 점점 더 우리 대한민국 사회와 문화 속으로 들어와 함께 살아가게 될 이슬람과 무슬림들을 이해해야 하는 것은, 이제 중요한 문제가 되고 있다. 우리가 그들에 대해 제대로 알면 알수록 우리는 그들을 더 제대로 이해할 수 있고, 준비할 수 있을 것이다.

우리는 이슬람과 무슬림들에 대해 알아야 한다. 알되 제대로 아는 것이 중요하다.

어떻게 그들을 제대로 알 수 있을까?

우리는 이슬람과 무슬림을 이해하기 위해 다양한 자료들을 참고할 수 있다. 이슬람 신학서, 주석책, 문화 등.

그러나 이슬람을 이해하는 데 가장 기본이 되는 최고의 것은 의심할 여지없이 그들의 최고 경전인 '꾸란'이다. 이슬람과 무슬림들에게 꾸란은 무엇인지, 그들은 꾸란에 대해 어떻게 생각하고 믿고 따르는지를 알면, 우리는 자연스럽게 그들을 좀 더 제대로 이해할 수 있게 된다. 특히 무슬림들이 꾸란에 대해 어떤 권위를 부여하는지를 알면 우리는 더욱 더 그들을 이해하는 데 도움을 받을 수 있다.

중동에서 오랫동안 연구해오고 있는 공일주 박사는 이슬람 세계와 무슬림들에게 있어 꾸란이 가지는 권위를 2010년 한국외대출판부에서 출판한 그의 책『꾸란의 이해』에서 '꾸란은 이슬람 문화의 핵'이라며, 아래와 같이 정리하고 있다.

"이슬람이 아라비아 반도에서 발흥하여 처음에는 아랍인들만 이슬람을 믿다가 점차 다른 민족들이 이슬람에 들어오게 되자 이슬람은 이들의 언어, 문화, 사상에 맞는 설명을 하여 그들에게 적절한 답을 주어야 했다.

문화가 다르고 언어적 표현이 달라지면서 아랍인들이 경험하지 못했던 새로운 사상과 다양한 종교적 지식들이 이슬람에 들어오게 되었다.

그래서 이슬람이 시작된 지 첫 200년간은 그다지 큰 어려움이 없었으나, 이슬람력 3세기(주후 10세기)가 되면서 이슬람에는 두 개의 큰 신학 조류가 형성되었다.

그 중 아쉬아리(아샤이리)파는 꾸란의 말씀을 상징적으로 해석하면서 때로는 이성적 접근을 하였다. 가령, 꾸란에 나오는 '알라의 손'이라는 구절을 알라의 능력이라고 해석하였다.

그러나 또 다른 무으타질라파는 인간의 이성을 사용하여 모든 것을 구별지으려 하였다.

아쉬아리파와 무으타질라파 사이의 가장 큰 쟁점은 꾸란의 창조성에 대한 문제였다.

무으타질라파의 경우, 꾸란은 창조되었다라고 믿지만, 아쉬아리파의 경우 꾸란이 알라의 말씀으로 천상에 있던 것이 그대로 내려왔음으로 꾸란은 절대 창조된 것이 아니라고 하였다.

여기서 창조되었다는 것은 원래 천상엔 없었는데, 나중에 알라가 꾸란을 새로 만들어서 무함마드에게 주었다는 것을 의미한다.

그리고 대부분의 무슬림들은 알라의 말씀으로 천상에 있던 것이 그대로 내려왔다고 믿는 아쉬아리파를 신봉한다."

또 무엇보다도 꾸란 스스로가 꾸란의 권위를 부여하고 있고 인정하고 있다.

> "꾸란은 알라 이외의 누구에 의해서도 위조되지 않았다. 오히려 꾸란은 그 이전에 있는 것(신구약성경)을 증명(확인)해주며, 그 책(성경)의 설명을 명확하게 해준다. 그것(꾸란) 안에는 의심의 여지가 없으며, 그것은 세상의 주님으로부터 온 것이다. (꾸란 10:37)"

위 꾸란 구절의 아랍어 원문은 다음과 같다.

وَمَا كَانَ هَذَا الْقُرْآنُ أَنْ يُفْتَرَى مِنْ دُونِ اللَّهِ وَلَكِنْ تَصْدِيقَ الَّذِي بَيْنَ يَدَيْهِ وَتَفْصِيلَ الْكِتَابِ لَا رَيْبَ فِيهِ مِنْ رَبِّ الْعَالَمِينَ

결국 대부분의 무슬림들은 꾸란을 알라로부터 내려온 거룩한 책으로 믿기 때문에, 꾸란에 대한 의심이나 질문 같은 것을 허용하지 않는다. 오히려 무조건 믿고 복종해야 할 것으로 믿는다. 또한 무슬림들에게 있어 꾸란은 일점일획의 오류나 모순도 있을 수 없는 완벽한 책으로서의 신성한 권위를 갖는다.

따라서 본서에서는 이슬람과 무슬림들을 이해하기 위한 여러 책들, 즉 이슬람의 모든 경전들과 율법서들 그리고 주석서들을 총망라하여 살피지 않고, 이슬람 최고의 권위를 가지는 '꾸란'으로 제한하여 연구하였다.

또 연구 방법으로는, 기존의 이슬람 신학적 입장에서의 꾸란 본문의 의미 해석이 아닌, 가급적 아랍어로 된 꾸란 본문에 충실하기 위해 아랍어 어휘 연구를 중심으로 했다. 신학적 의미 해석을 할 경우, 자칫 꾸란 본문의 어휘적 의미보다 기존 이슬람 신학에 꾸란 본문의 말씀을 끼워맞추는 또 다른 오류 즉 꾸란 본문으로부터 먼 자의적 해석을 할 수 있기 때문이다.

이슬람 세계에는 꾸란에 대한 여러 주석서나 해설서들이 존재한다. 그런 주석서들이나 해설서들은 모두 그 주석이나 해설에 있어 동일하지 않고, 서로 다른 주석이나 해설을 보이는 경우가 다반사이다. 그리고 주석서들과 해설서들 사이의 해석의 차이가 있다는 것을 알고 있는 아랍어권의 무슬림들은, 그들 주석서들이나 해설서들에서 주장하는 것보다는 꾸란 본문에서 문자적으로 말하고 있는 것에 더 권위를 부여한다.

따라서 필자 역시 최대한 필자의 해석이 아닌, 꾸란 본문에서 말하는 것에 충실하고자 어휘 연구에 집중했다.

꾸란의 내용을 성경의 내용과 비교하여 기록할 경우에는, 주로 한글 새번역 성경을 사용했다.

필자는 십수 년간을 아랍어권 이슬람 국가에서 살면서, 한국에서 생활할 때 책이나 학습을 통해 알고 있었던 이슬람과 무슬림들에 대한 이해와 실제 아랍어권 무슬림들과 생활하면서 느끼고 고민하게 되었던 이슬람과 무슬림에 대한 이해 사이의 차이 때문에 혼란스러움을 느꼈었다. 그리고 이 책을 집필하기 위해 꾸란을 연구하면서, 그런 혼란스러움을 해결하는 데 상당한 도움을 받을 수 있었다.

필자는 필자에게 이슬람과 무슬림들을 좀 더 제대로 이해할 수 있도록 도움을 준 필자의 꾸란 연구본을 다른 분들과도 함께 나누기 위해 이렇게 책으로 출판하게 되었다.

아무쪼록 이 책이 이슬람과 무슬림들을 이해하는 데 미력하나마 도움이 될 것으로 기대한다.

이 책이 나올 수 있도록 지난 2년간 기다려준 아내와 필자가 살고 있는 아랍어권 이슬람 국가에서 꾸란에 대해 함께 공부한 지인들에게도 고마운 마음 전한다.

2017년 여름

주벙기

차례

알리는 말 · 4

PART 1 간략히 알아보는 이슬람과 이슬람의 변증 이론들 · 13

제1장 이슬람의 주요 교리 · 15
제2장 이슬람의 종파 · 19
제3장 이슬람의 변증 이론들 · 26

PART 2 주제별로 알아보는 꾸란 · 33

제1장 꾸란에서 말하는 꾸란 · 35
제2장 꾸란에서 말하는 이슬람 · 42
제3장 꾸란에서 말하는 알라와 성경에서 말하는 하나님 · 46
    (알라와 하나님은 동일한가 다른가?)
제4장 꾸란에서 말하는 평화와 폭력 · 57
    (꾸란은 평화를 말하는가 폭력을 말하는가?)
제5장 꾸란에서 말하는 원수에 대한 복수 명령 · 68
제6장 꾸란에서 말하는 지하드(성전) · 71
제7장 꾸란에서 말하는 기독교와 기독교인 · 80
제8장 꾸란에서 말하는 성경 · 85
제9장 꾸란에서 말하는 성지순례 · 92
제10장 꾸란에서 말하는 카으바 · 96
제11장 꾸란에서 말하는 금식월(라마단)과 기도 · 100
제12장 꾸란에서 말하는 구제(자카트) · 110
제13장 꾸란에서 말하는 죄 · 112
제14장 꾸란에서 말하는 의인 · 122
제15장 꾸란에서 말하는 인간 · 124
제16장 꾸란에서 말하는 구원의 조건 · 132
제17장 꾸란에서 말하는 낙원과 낙원에서의 여성 · 135
제18장 꾸란에서 말하는 지옥 · 145

제19장 꾸란에서 말하는 심판(부활/최후)의 날 · 155
제20장 꾸란에서 말하는 여성 · 160
제21장 꾸란에서 말하는 결혼과 이혼 및 부부생활 · 167

PART 3 인물별로 알아보는 꾸란 · 173

제1장 꾸란에서 말하는 아담 · 175
제2장 꾸란에서 말하는 에녹(이드리스) · 181
제3장 꾸란에서 말하는 노아(누흐) · 183
제4장 꾸란에서 말하는 욥(아이윱) · 187
제5장 꾸란에서 말하는 아브라함(이브라힘) · 189
제6장 꾸란에서 말하는 롯(루뜨) · 202
제7장 꾸란에서 말하는 이스마엘(이스마일) · 206
제8장 꾸란에서 말하는 이삭(이스핫) · 208
제9장 꾸란에서 말하는 야곱(야으꿉) · 210
제10장 꾸란에서 말하는 요셉(유숲) · 212
제11장 꾸란에서 말하는 모세(무사) · 229
제12장 꾸란에서 말하는 다윗(다우드) · 242
제13장 꾸란에서 말하는 솔로몬(술라이만) · 247
제14장 꾸란에서 말하는 엘리야(일리야스) · 252
제15장 꾸란에서 말하는 엘리사(엘야사아) · 253
제16장 꾸란에서 말하는 요나(유누스) · 254
제17장 꾸란에서 말하는 마리아(마르얌) · 257
제18장 꾸란에서 말하는 세례요한(야흐야)과 사가랴(자카리아) · 259
제19장 꾸란에서 말하는 예수(이사) · 262
제20장 꾸란에서 말하는 무함마드 · 267

인용 및 참고자료 · 276

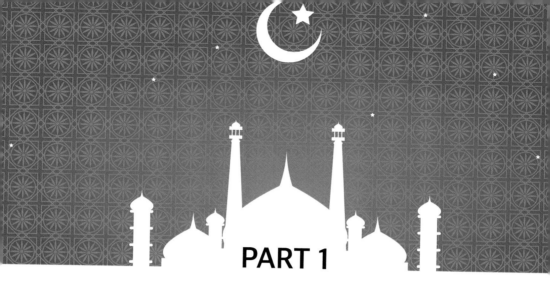

PART 1

간략히 알아보는
이슬람과 이슬람의
변증 이론들

한마디로 이슬람은 '알라'만을 유일한 신으로 믿으면서 동시에 '무함마드'를 알라의 마지막 예언자로 믿는 종교이다.

'이슬람'이란 뜻 자체가 '복종·순종'을 의미할 정도로 이슬람은 복종을 중요시한다. 이슬람을 믿는 신자를 남자일 경우에는 '무슬림'이라고 하고, 여자일 경우에는 '무슬리마'라고 한다.

1부에서는 먼저 이슬람의 핵심적인 교리를 간략히 살펴본 후, 이슬람 내에 존재하는 여러 종파들과 그들의 특징을 기술하였다. 끝으로 이슬람 측에서 꾸란을 비롯한 이슬람 방어와 전파를 위해 사용하는 이슬람 변증 이론들을 기록하였다.

제1장
이슬람의 주요 교리

　이슬람의 주요 교리로는 '6신'이라는 여섯 가지 믿음과 '5행' 즉 '다섯 기둥'이라고 하는 다섯 가지 실천 항목들을 들 수 있다.

　이들 6신과 5행은 모든 무슬림들에게 반드시 해야 할 의무적인 것들이다. 만약 여섯 가지 믿음들 중 한 가지라도 믿지 않는다면, 그는 온전한 무슬림이란 평가를 들을 수 없다. 아울러 다섯 가지 실천사항 역시 모든 무슬림들이 해야 할 의무적인 것이다. 만약 다섯 가지 의무적인 실천사항들 중 한 가지라도 하지 않고 있다면, 그는 온전한 무슬림이라 할 수 없다.

　그만큼 이슬람에서는 이들 여섯 가지 믿음과 다섯 가지 실천사항들을 중요시한다.

1. 여섯 가지 믿음(이만=6신)

'이만(6신)'이란 무슬림이 신앙적으로 가져야 할 여섯 가지 분명한 믿음을 말한다. 정통 이슬람에 의하면 '이만'은 이슬람 신앙이 진리라고 마음으로 믿고 입술로 고백하는 것이다.

이 '이만' 즉 여섯 가지 믿음에는 다음과 같은 것들이 있다.

1) 알라에 대한 믿음
2) 알라의 천사들에 대한 믿음
3) 알라의 책들(경전들)에 대한 믿음
4) 알라의 선지자들에 대한 믿음
5) 부활의 날과 심판에 대한 믿음
6) 선과 악의 숙명(운명)에 대한 믿음

2. 다섯 가지 기둥(5행)

1) 신앙고백 (샤하다)

아랍어로 '샤하다'라고 하는데, "알라 외에 신은 없으며 무함마드는 알라의 메신저이다"라고 입술로 고백하는 이슬람의 신앙 고백이다. 이 신앙고백은 아랍어로 된 것을 그대로 고백한다. 모든 무슬림들은 이 신앙고백을 반드시 해야 한다. 그리고 실제로 무슬림들은 수시로 이 신앙고백을 한다.

2) 기도 (쌀라트)

아랍어로 '쌀라' 또는 '쌀라트'라고 한다. 모든 무슬림들은 매일 5회 즉 새벽, 정오 직후, 해지기 두 시간 전, 해진 직후, 해진 후 두 시간 후에 반드시 기도를 해야 한다. 만약 정해진 기도 시간에 기도를 하지 못했을 경우엔 다른 시간을 이용해서라도 해야 한다.

무슬림들 사이에선 매일 5번의 기도를 하는지 여부가 그 사람이 신실한 무슬림인지 그렇지 않은 지를 구분 짓는 외적 기준이 되기도 할 만큼 중요한 실천사항이다.

3) 금식 (싸움)

아랍어로 '싸움' 또는 '씨얌'이라고 한다. 이슬람력 9월(라마단) 한 달 동안 모든 무슬림들이 의무적으로 해야 하는 금식이다. 해가 떠 있는 시간 즉 일출부터 일몰까지의 시간 동안 모든 무슬림들은 어떤 음식이나 음료도 섭취해서는 안 된다. 담배와 같은 기호품도 섭취해서는 안 된다. 또 낮 시간 동안의 금식 기간 동안엔 어떤 성행위도 해서는 안 된다.

금식에 참여하는 무슬림들은 과거의 죄를 용서받는다고 믿는다.

4) 구제 (자카트)

아랍어로 '자카트'라고 한다. 자카트는 한 마디로 이슬람 공동체 유지를 목적으로, 이슬람 공동체 내의 가난한 사람들과 같이 구제가 필요한 사람들을 구제하기 위한 '구빈세'라고 할 수 있다. 일반적으로 상공업에 종사하는 부자들의 경우, 재산의 2.5% 정도를 자카트로 사용하고, 농민들의 경우 연 생산의 10~20% 정도를 자카트로 낸다. 이 자카트를 통한 구제의 대상은 주로 세금을 낼 수 없는 사람, 재산이 전무한 사람, 노예, 빚을 진 사람, 알라를 섬기는 사람, 여행자들이다.

무슬림들에게 있어 이 자카트 납부는 반드시 해야 하는 의무적인 것이다. 무슬림들은 이 자카트 납부를 통해 무슬림 공동체 안의 도움이 필요한 동료 무슬림들의 아픔을 돌아보면서 공동체의 결속을 다지는 기회로 삼는다.

5) 메카의 카으바 순례(핫즈)

아랍어로 '핫즈'라고 한다. 이슬람력 12월에 이루어진다. 모든 무슬림들은 성지순례를 하는데 건강상에 문제가 없고, 성지순례하는 동안 가족들의 생계에 지장이 없다면, 일생에 한번은 메카에 있는 성지 '카으바'를 의무적으로 순례해야 한다. 무슬림들은 카으바 성지순례를 하면 그들의 죄가 사함을 받아서 깨끗한 상태가 된다고 믿는다.

그 외에 여섯 번째 기둥 즉 의무적인 실천항목으로 간주되는 것이 있는데, 그것이 '지하드' 즉 '성전'이다.

'지하드'는 아랍어로 '고투, 노력'이라는 의미를 갖는데, 신체가 건강한 무슬림이라면 모두가 참여해야 하는 의무적인 것이다.

지하드는 크게 두 차원으로 나누어 볼 수 있다. 하나는 이슬람 신앙을 지키기 위한 자기 자신과의 내적 싸움으로서의 지하드이다. 또 다른 하나는 이슬람 공동체나 무슬림들을 해하려는 모든 외적 도전들로부터 이슬람 공동체와 무슬림들을 지키기 위한 모든 수단과 방법을 동원하는 외적 싸움으로서의 지하드이다.

무슬림들은 지하드를 하다 죽으면 그 죽음을 알라를 위한 순교로 보면서, 순교한 그 사람은 낙원에서 살게 된다고 믿는다.

제2장
이슬람의 종파

    이슬람에는 교리적으로 차이를 보이는 200여 개의 종파들이 있다. 그중 대표적 종파로는 전 세계 무슬림의 80% 정도를 차지하는 '순니파'와, 16% 정도를 차지하는 '쉬아파'가 있다. 그 외에도 쉬아파와 순니파에 섞여 있는 '수피파', 그리고 '카와리즈파(이바디파)' 등 여러 종파들이 존재한다.

    이번 장에서는 위에 언급된 이슬람 종파들을 중심으로 간략히 정리해보았다.

1. 순니파

    순니파(سُنِّي)는 이슬람의 최대 종파로 전체 무슬림의 약 80% 이상이 속해 있다. 순니파는 꾸란과 무함마드의 언행록인 하디스 그리고 예언자와 정통 칼리프의 선례에 그 바탕을 두고 있는 '순나'를 추종하는 사람들이라는 뜻이다.

순니파에서는 샤리아, 즉 이슬람 율법을 현실에서 실행하는 문제에 있어 몇 가지 법학적 해석을 내놓았다. 그들 중 최종적으로 '하나피' 학파, '말리키' 학파, '샤피이' 학파, 그리고 '한발리' 학파 이렇게 네 가지 법학파들이 자리를 잡게 되었다.

1) 하나피(الحنفي) 학파

하나피 학파는 순니파에서 법적으로 인정하는 네 개의 이슬람 율법 학파들 중, 가장 오랜 전통을 자랑하는 학파이다. 또한 가장 많은 사람들이 따르는 학파이기도 하다. 뿐만 아니라, 순니파 안의 네 학파들 중 가장 관용적인 학파라는 평가를 받고 있는 학파이기도 하다. 이슬람 율법을 정리하면서 이 학파의 체계를 잡은 사람은 '아부 하나피'라는 사람이다.

2) 말리키(مالكي) 학파

말리키 학파는 순니파 내의 네 학파들 중 약 15% 정도를 차지하는 학파인데, 이들 순니파 내의 네 학파들 중 가장 메카 전통에 충실한 학파라는 평가를 받고 있다. 이 학파는 '이맘 말리크'의 이름에서 따온 학파이다. 이 학파의 주된 특징은, 꾸란과 무함마드의 언행록인 하디스를 가장 중요하게 생각하는 다른 학파들과 달리, 하디스에 포함된 것들과 통치자의 통치법 그리고 메디나에 살던 살라프 사람들의 생각을 중시하여 따른다는 것이다.

3) 샤피이(شافعي) 학파

샤피이 학파는 '무함마드 이븐 이드리스 아쉬 샤피이'의 이름을 딴 학파이다. 순니파 내의 네 학파들 중 두 번째로 규모가 큰 학파로, 순니파 내의 네 학파들 중 가장 중용을 잘 잡은 학파라는 평가를 받는다. 이 학파는 꾸란이나 하디스뿐 아니라, 무함마드와 함께했던 사람들의 말씀에 대해서도 가르치는 학파로 알려진다.

4) 한발리(الحنبلي) 학파

한발리 학파는 '아마드 이븐 한발'의 이름을 딴 학파인데, 그의 제자들에 의해 제도화되었다. 순니파 내의 네 학파들 중 가장 율법(샤리아)에 충실한 학파라는 평가를 받는다. 이 학파는 꾸란과 무함마드의 언행록인 하디스에 가장 엄격하게 접근하고 그에 따라 샤리아(이슬람 율법)를 도출해내는 것으로 알려져있다. 때문에 이 학파는 순니파 내의 네 학파들 중 가장 보수적인 성향을 띠면서 이슬람 법학에서도 가장 엄격한 전통주의적 학파로 여겨진다.

율법에 대한 엄격성 때문에, '알카에다'와 '이슬람국가(IS)'와 같은 이슬람 국제 테러단체 등의 사상적 기반이 되는 '와하비즘(وهابية)'에도 큰 영향을 준 학파이기도 하다.

☞ '와하비즘(وهابية)'은 18세기에 '무함마드 벤 압둘 와합(محمد بن عبد الوهاب)'라는 사람이 이슬람교의 타락과 형식주의를 비판하면서, 무함마드와 그 동료들 시대의 순수 이슬람, 즉 꾸란의 본래의 가르침으로 돌아가자는, 이슬람 순니파 안에서 일어난 이슬람 복고주의 사상이자 운동이라 할 수 있다.

현재 사우디 아라비아와 카타르가 이 와하비즘을 국가의 사상적 기반으로 삼고 있다. 설립자 압둘 와합은 알라의 말씀에 철저하다 보니, 이슬람의 알라를 따르지 않는 기독교인들 같은 비무슬림들 뿐 아니라, 자칭 무슬림이라고 하면서도 알라의 말씀대로 살지 않는 무슬림들이나 정치 권력까지도 제거해야 할 다신론자(مشرك=무쉬리쿤)로 간주하였다.

결국 와하비즘의 이런 과격성 때문에 전체 이슬람 세계에서 폭넓게 지지를 받진 못했지만, '알카에다'나 '이슬람국가(IS)'와 같은 이슬람 극단주의자들의 사상적 기반이 되었다.

2. 쉬아파

쉬아파(شيعة)는 이슬람권에서 순니파 다음으로 두 번째로 큰 종파로, 전체 무슬림의 약 16% 정도가 속해 있다.

쉬아파는 무함마드의 혈통만이 지도자(칼리파)가 될 수 있다고 믿는다. 그래서 무함마드의 사위이자 사촌인 '알리'를 따르면서, 빼앗긴 칼리파 자리를 살해당한 '알리' 가문에 되돌려주어야 한다고 믿는다. 그래서 그들의 명칭인 '쉬아(شيعة)' 역시, '쉬아 알리(شيعة علي)' 즉 '알리를 따르는 사람들'에서 나온 명칭이다.

쉬아파와 순니파의 큰 차이 중 하나는 '지도자·인도자'를 뜻하는 '이맘'에 대한 견해이다. 순니파에서 이맘은 꾸란을 독경하고 예배를 인도하는 정도의 어떤 역할을 맡은 사람일 뿐이다. 그러나 쉬아파에서 이맘은 알리와 후세인의 혈통적 후계자가 아니면 될 수 없고, 이맘의 지위 역시 단순한 인간이 아닌 신에 의해서 선택받은 신적 권위를 위임받은 자로 여겨진다.

쉬아파에는 여러 분파들이 있다. 그 중에서도 전체 쉬아파 무슬림들 중 약 85% 정도를 차지하고 있는 것으로 알려진 '열두 이맘파'가 대표적인 쉬아의 분파이다.

'열두 이맘파'는 알리 이후 열두 이맘의 시기가 지나고, 마지막 12대 이맘이 873년에 사라졌다고 믿는다.

이들은 사라진 12대 이맘이 오랜 은둔에서 벗어나 언젠가 지상에 '마흐디(구세주)'로서 나타날 것이라 믿고 있다.

그외 '자이드파(다섯 이맘파)', '이스마일파(일곱 이맘파)'가 있고, 마약의 일종인 하쉬쉬에 중독돼 암살을 저지른다는 '암살단파'도 있다.

또 쉬아파의 '알리 숭배'를 더욱 강화하여 신격화한 '알라위파(누사이리파)'가 있는데, '알라위파'는 시리아의 아사드 정권이 속해있는 쉬아 분파이기도 해서 유명한 분파이기도 하다.

이 외에도 11세기 이스마일파에서 나온 '다라지'라는 사람이 숨은 이맘 '마흐디'를 자처하면서 생긴 '드루즈파(다라지파)'가 있고, 19세기 중반 이란에서 나타난 '바비파'가 있다. 이 '바비파'는 구약성경, 조로아스터교, 유교와 불교 사상 등의 예언자들을 모두 인정한 분파로 알려진다.

또 관용과 평등과 평화를 강조하는 '바하이파'도 있다.

3. 카와리즈파

'카와리즈파(الخوارجية)'는 이슬람 역사상 최초의 종파로 분리되어 떨어져 나간 종파로 알려지고 있다.

카와리즈파는 역사적으로 661년 무함마드의 사위이면서 사촌인 칼리파 알리를 살해한 것으로 유명하다. 이 종파는 지하드를 여섯 번째 '신앙의 기둥' 즉 "실천사항'으로 둘 정도로 급진적인 면이 있는 것으로 알려진다.

카와리즈파는 메카의 부족인 꾸라이쉬족만이 칼리파(지도자, 대리자)가 될 수 있다는 순니파의 전통적 견해를 거부한다. 오히려 독실한 무슬림이라면 누구나 칼리파가 될 수 있다는 개방적인 입장을 가지고 있는 것으로 알려진다.

대표적인 카와리즈파의 분파로는 '이바디파(الاباضية)'가 있다. 현재 이바디파 무슬림들로는 걸프지역의 이바디 왕국인 오만인들과 알제리 원주민 지역 중 한 곳인 음자브지역을 중심으로 살아가는 '므자비' 종족이 대표적이다.

4. 수피파

'수피파(تصوُّف)'는 이슬람교 내의 신비주의적 성향의 분파라 할 수 있다. 금욕과 청빈을 상징하는 하얀 양모로 짠 옷을 입은 것에서 그 이름을 얻게 되었다고 한다.

수피파는 일반적인 이슬람 정통파들처럼 전통적인 교리 학습이나 율법을 존중한다. 그러나 정형화된 어떤 형식에 매이는 것은 거부한다. 오히려 신과 하나가 되는 것을 최고의 가치로 여기며 이를 추구한다. 이 신과의 합일을 위해 금욕적인 자기수양을 하기도 하고, 춤과 노래와 같은 것들로 구성된 독자적인 의식을 갖고 있기도 하다. 내면적인 깨달음을 중시하다 보니 지적인 면보다는 체험을 중시하는 편이다. 또 꾸란을 해석함에 있어서도 내적 깨달음과 신과의 합일을 위한 신비주의적 해석을 강조하는 편이다. 수피들의 이러한 특징 때문에 이들은 예수를 사랑의 복음을 설교한 이상적인 수피로 보았다고 한다.

춤을 추고 노래를 부르며
수피 행사를 갖는 수피
신자들

제3장
이슬람의 변증 이론들

이슬람에는 이슬람을 방어하고 확장하는 데 필요한 소위 변증 이론들이라 할 수 있는 것들이 있다. 이들 변증 이론들 중에서는 순수하게 이슬람과 관련된 것들도 있으나, 타종교와 관련된 것도 있다.

이번 장에서는 이들 이슬람 변증 이론들 중 일부를 알아본다.

1) 취소교리(만수크)와 대체교리(나시크)

꾸란에서의 상호 모순을 해결하기 위해 무슬림들은 '취소이론(만수크)'과 '대체이론(나시크)'이란 것을 이용해, 꾸란 내 상호 모순을 극복하려고 시도하고 있다.

한국외국어대학교출판부에서 출판된 공일주 박사의 책 『꾸란의 이해』 170~186쪽에서는, 이 만수크와 나시크에 대해 잘 설명을 해주고 있다. 공일주 박사의 위의 책에 따르면,

"꾸란에서 '나시크'라는 말은 '나중에 나온 법적 증거로 이전의 법적 판결을 대체한다'는 말이다. 나시크는 '대체시키게 하는 것'으로서 능동분사이고, 만수크는 '대체받는 것'을 의미하는 수동분사이다. 꾸란 주석과 이슬람 법학에서 이 두 용어는 대체나 무효화된 꾸란 구절을 명시하기 위해 사용된 개념이었다. 그러나 이 대체이론은 이슬람 내부에서조차 그 수용 여부와 한계 및 적법성 면에서 의견이 분분한 상태라고 한다."

꾸란에서는 6:34, 6:115, 10:64, 18:27 등에서와 같이 알라의 말씀은 그 누구도 변경할 수 없다고 말한다. 따라서 오늘날 폭넓게 사용되고 있는 이슬람 측의 '취소이론'과 '대체이론'은 꾸란의 내용에 따르면 있을 수 없는 이론들이다.

2) 타끼야(تَقِيّة) 교리(거짓말 허용)

이슬람에는 소위 '하얀 거짓말'이라고 할 수 있는 '타끼야'라는 교리가 있다. 이 타끼야(تقية)라는 것은 문자적으로는 '두려움'이라는 의미이다.

이슬람의 교리적 의미로는 상황에 따라 자신의 신앙을 감추는 것을 허용하는 의미를 갖는다. 본래 이 타끼야는 아무 상황에서든지 허용되는 것이 아니라, 자신의 무슬림으로서의 신앙을 감추지 않으면 안 될 위급한 상황에서 허용되는 교리이다.

그런데 이 타끼야 교리가 세월이 흐르면서 본래의 취지와는 다른 모습으로 사용되는 것을 볼수 있다. 위급한 상황에서 자신과 이슬람 공동체의 신앙을 지키기 위해 자신의 신앙을 감추는 것을 허용하던 것에서, 거짓말을 허용하는 것으로 그 의미가 확대된 것이다. 그리고 오늘 날 이슬람 사회에서는 상황에 상관없이 소위 '하얀 거짓말'로서 일상적으로 사용되는 것을 볼 수 있다.

그렇다면 이 '타끼야(تقية)' 교리는 꾸란적 근거가 있는 것인가?

어떤 이들은 이 교리의 꾸란적 근거로서 꾸란 2:225절을 말한다. 그러나 꾸란 2:225절은 무슬림에게 거짓말이나 자신의 무슬림 신앙을 감추는 것을 허용하는 구절이 아니다.

굳이 찾자면 꾸란 40:26~38 정도를 말할 수 있을 것이다.
이 구절의 내용을 살펴보면 이러하다.

> "이집트 파라오가 알라를 숭배하는 모세를 죽이려 할 때, 파라오의 신
> 하이지만 모세와 같은 알라를 숭배하던 어떤 한 사람이 있었다. 그는 알
> 라를 숭배하는 자신의 신앙을 숨긴 채 파라오의 부하로 살아갔다. 그런
> 데 자신과 같은 알라를 숭배한다는 것 때문에 파라오는 모세를 죽이려
> 했다. 그때 이 남자가 모세를 변호하는 듯한 주장을 한다. 모세의 말이 거
> 짓이라면, 거짓말한 죄를 지게 될 것이고, 모세의 말이 진실이라면 모세
> 가 한 말(재앙 경고)이 성취될 것이니, 명백한 증거(징표)를 가지고 판단하
> 라는 것이다. 그러면서 그 남자는 모세를 어떻게든 죽이려는 파라오에
> 맞서 설득하며 모세를 지키려 한다."

위 구절에 따르면, 알라를 숭배하는 자신의 신앙에 대해 주변에 밝히지 않고 숨긴 채 살아가는 사람도 있을 수 있음을 말한다. 그렇다고 이 구절이 거짓말을 허용하는 것은 아니다. 이 남자는 자

신의 신앙을 다른 사람에게 드러내지 않았을 뿐, 거짓말을 한 것은 아니기 때문이다.

결론적으로 꾸란에서는 오늘 날 그 의미가 무슬림의 거짓말을 허용하는 것으로까지 확대된 '타끼야' 교리를 허용하는 구절이 없다. 그럼에도 불구하고 이슬람 내에서 이 교리가 인정을 받고 있는 것은, 역사적 박해 상황 특히 생존을 위한 다급한 상황에 따른 선택이었을 것으로 생각된다.

그러나 박해의 시기가 끝난 오늘 날까지도, 이 이론이 인정을 받고 있는 것은 긍정적 측면보다 부정적 측면이 더 크다 할 수 있을 것 같다. 이 이론이 오늘날 무슬림 사회에서의 거짓말이 깊이 자리잡는 데 공헌을 했음을 부인할 수 없기 때문이다.

3) 타흐리프(لَحْرِيف) 교리 = 성경 왜곡(변질/수정)론

'타흐리프' 교리는 오늘날 기독교인들이 보는 성경은 본래의 성경과 다르게 변질(왜곡/수정)되었다는 교리로, 구약은 유대교인들에 의해, 신약은 기독교인들에 의해 왜곡되었다는 이슬람측의 교리이다.

그러나 꾸란은 어디에서도 기록된 성경의 문자적 왜곡이나 변질을 말하지 않는다. 오히려 꾸란 6:34, 6:115, 10:64, 18:27 등에서와 같이 성경을 포함한 알라의 말씀은 그 누구도 변경할 수 없다고 말한다.

꾸란에서 꾸란보다 앞선 책들 즉 성경에 대해 말하는 것은 문자적 변질을 말하는 것이 아니라, 무함마드를 지지하지 않는 유대교인들과 기독교인들에 의한 성경 말씀의 의미 즉 해석상의 왜곡을 말한다. 무함마드와 꾸란에 따르면 성경에는 분명히 알라의 메신저로서 무함마드가 올 것을 예언하고 있는데, 그 예언 구절들의 의미를 유대교인들과 기독교인들이 왜곡하여 해석하고 가르친다는 주장이다.

그러나 오늘날 이슬람 측에서는, 꾸란 자체에서 성경의 문자적 왜곡(변질)을 말하는 것처럼 의도적으로 잘못 가르치고 있다. 그리고 꾸란에 대해 잘 모르는 상당수의 무슬림들은 이슬람측 지도자들이 가르쳐주는 대로 성경이 왜곡되었다고 믿는다.

4) 이슬람 성취론(완성론)
이슬람 측에서는 꾸란이 알라의 최종 계시이며, 꾸란 계시의 통로인 무함마드 역시 알라의 마지막 메신저(라술)라고 주장한다.

따라서 알라는 기존의 다른 어떤 종교나 메신저들이 아닌, 꾸란과 무함마드의 가르침인 이슬람을 통하여 세상의 모든 종교를 완성(성취)하였다고 주장한다. 때문에 세상 사람들은 이슬람을 받아들이고 무슬림이 됨으로서, 알라의 최종적 뜻이 성취 즉 완성되었음을 경험할 수 있다는 것이다.

이 이슬람 성취론에 따르면, 예수 그리스도를 통한 계시의 완성을 주장하는 기독교의 성취론은 의미가 없어진다.

5) 하니프(حَنِيف)의 종교

= 아브라함의 종교= حَنِيف مِلّة ابرهيم =유일신 종교

이슬람 측에서는 이슬람을 '하니프'의 종교라고 한다. 이는 그 근원을 아브라함에게서 찾은 것이다.

꾸란에서는 3:95, 67 ; 2:135 ; 4:124 ; 6:79, 161 ; 10:105 ; 16:120~123 ; 30:30 등 여러 구절에서, 아브라함의 종교를 하니프의 종교라고 말하면서, 모든 무슬림들은 아브라함처럼 하니프의 신앙인이 되어야 함을 강조한다.

예를 들면 꾸란 3:67에서는 아브라함의 종교 즉 신앙이 어떠했는지 설명해주는데, 아브라함은 유대교인도 기독교인도 아니고, 오히려 '하니프 무슬림'이었으며 다신론자(무쉬리쿤)도 아니었다고 기록하고 있다.

즉 아브라함은 다신교 사회 속에서 유일신 알라만을 신으로 섬기고 따르는 유일신 종교의 선두 주자이고, 그러한 아브라함의 유일신 신앙을 따르는 종교를 '하니프의 종교'라고 할 수 있는 것이다.

또한 꾸란 6:161에서는, 아브라함의 종교인 하니프의 종교야말로 올바른 길이요 올바른 종교라고 기록하고 있다.

그러면서 유대교와 기독교 그리고 이슬람, 이들 세 종교들은 그 근원이 하나이고, 동일한 아브라함의 알라를 섬기는데, 그것이 지금의 유대교와 기독교, 이슬람으로 나누어져 있다는 것이다.

결국 이슬람 측의 하니프의 종교 주장에 따르면, 유대교와 기독교의 하나님과 이슬람의 알라는 동일한 분이 된다. 또 아브라함은 본래 지금의 이슬람 측에서 말하는 알라를 섬겼으며, 무슬림이 되는 셈이다.

위와 같은 주장에 따라 이슬람 측에서는, 유대교와 기독교인들 역시 아브라함처럼 이슬람을 받아들이고 무슬림이 되는 것이 알라의 뜻이라고 주장한다.

PART 2

주제별로
알아보는
꾸란

꾸란에는 다양한 주제들에 대한 기록들이 있다. 그 기록들에는 주제별로 통일된 부분도 있지만 서로 다른 진술들도 있다.

예를 들면 꾸란 어느 구절에서는 무슬림들에게 평화를 이야기하지만, 또 다른 어느 구절에서는 살인과 전쟁과 같은 폭력을 이야기하기도 한다.

꾸란 내의 같은 주제를 가지고도 구절에 따라 서로 다르게 진술하고 있는 이러한 기록들은 어느 기록을 취하느냐에 따라 한쪽으로 치우친 입장을 갖게 한다.

따라서 본서 '2부 주제별로 알아보는 꾸란' 편에서는. 꾸란에서 기록하고 있는 각각의 주제들에 대해 가급적 전체적으로 살펴보면서 그에 대한 기록들을 기술하고자 했다. 다양한 꾸란 내의 주제들 중에서 특히 논쟁의 대상이 되는 '알라와 하나님', '평화와 폭력' 같은 주제들에 대해서는 더욱 아랍어로 된 꾸란 본문에 충실하고자 했다.

제1장
꾸란에서 말하는 꾸란

아랍어 꾸란

　본격적으로 꾸란에서 말하는 꾸란에 대해 정리하기 전에, 본장에서는 먼저 이슬람 측에서 주장하는 꾸란에 대한 입장을 살펴볼 것이다. 그 다음으로는 꾸란의 형성 과정과 내용 구성 등에 대해 간략히 정리하고, 끝으로 꾸란에서 말하는 꾸란에 대해 정리할 것이다.

1. 꾸란에 대한 이슬람 측의 입장

한국 이슬람 중앙회 측 자료에 따르면,

> "꾸란은 알라가 메신저 무하마드에게 내려주신 알라의 말씀으로 가득한 알라의 책이다. 꾸란 안에는 어떤 인간의 단어도 포함되어 있지 않다. 꾸란은 1,400년 전에 내려졌으며, 무함마드 시대에 아랍어로 쓰여졌다. 꾸란은 오늘 날까지도 원문 그대로 존재할 정도로 잘 보존되어있다.
>
> 꾸란은 알라의 말씀으로 인간들을 위해 계시된 알라의 성스러운 율법이며, 인간들이 현세 삶에서 따라야 할 지침이다. 꾸란은 시간과 공간을 초월하여 모든 인간들을 위한 경전이며, 알라께서 보호하고 계시기 때문에 왜곡이나 변질된 곳이 없다."

출처 http://www.islamkorea.com/miraclequran.html
http://www.islamkorea.com/historyquran.html

국제무슬림학생연합회에서 출간한 『이슬란이란 무엇인가?』라는 책에서는 꾸란에 대해 이렇게 소개한다.

> "꾸란은 가브리엘 천사를 통하여 메신저 무함마드에게 알라가 계시하신 정확한 말씀의 기록이다. 꾸란은 메신저 무함마드에 의해 암송되었고, 그의 동료들에 의해 필사되었으며, 필경자들에 의해 필사되었다. 그들은 평생동안 그 내용을 비교 검토하였으며, 전체 114장 중의 단 한 마디 말도 수세기가 지나도록 바뀌어지지 않았다. 그러므로 꾸란은 1,400년 전에 메신저 무함마드에게 계시된 그대로의 대단히 특별하고도 기적적인

경전인 것이다.

알라께서 마지막으로 계시하신 말씀인 꾸란은, 모든 무슬림의 신앙과 행동의 제1의 원천이다. 꾸란은 지혜, 교리, 예배, 법률과 같은 인간이 관심을 갖는 모든 주제들을 다루고 있다. 그러나 기본적 주제는 조물주와 피조물 사이의 관계이다. 그와 동시에 꾸란은 공정한 사회, 합당한 인간 행동과 공평한 경제 체제를 위한 지침들을 제시한다."

2. 꾸란의 형성과정과 내용 구성

이 부분은 한국외국어대학교 출판부에서 2010년 출판한 공일주 박사의 책 『꾸란의 이해』 16~25쪽의 내용을 저자의 허락을 받고 부분 정리 발췌하여 기록한 것입니다.

꾸란이 무함마드에게 처음 계시된 것은 610년부터이다. 그후 632년 죽을 때까지 무함마드에게 간헐적으로 계속되던 꾸란 계시는, 아랍어로 기록되기 시작했지만 한곳에 모여지지 않은 채 꾸란 암송자들에 의해 전해져 오고 있었다.

그런데 무함마드가 죽은 뒤 2년이 지났을 때, 아라비아 반도의 중앙에 위치한 야마마라는 곳에서 발생한 전투에 참가했던 수많은 꾸란 암송자들이 전사하는 사건이 발생하고 말았다. 그 결과 꾸란의 내용을 잃어버릴수 있다는 우려가 제기되었다.

그래서 제1대 칼리파 '아부 바크르'는 여기저기 흩어져 있던 꾸란 구절들을 한 곳으로 모으기 시작하면서, 무함마드가 배열한 대로 꾸란 전체를 기록하라고 지시하였다. 그러나 이때까지만 해도 무함마드의 여러 동료들이 각기 다른 꾸란 사본들을 가지고 있었다.

또 제3대 칼리파 '우스만 이븐 아판'은 꾸란 독경에 대한 그들 스스로의 차이를 인식하고, 꾸란 결집위원회를 조직하여 최종적으로 집대성 작업을 완성했다. 그는 꾸란의 여러 사본을 만들어 여러 지역으로 보내면서, 그가 만든 사본과 다른 필사본들은 모두 불태워 없앴다. 그 과정에서 꾸라이쉬 부족의 언어 즉 아랍어로 그 기재 방법을 통일했다. 정통본을 암송자인 하피즈와 함께 이슬람 각지로 파견하여 전파하도록 했는데, 이것이 '이맘본' 또는 '오스만본'이라 불리어지기도 하는 오늘날 사용되고 있는 꾸란의 정본이다.

꾸란의 구성은 6,342개의 아야(절)와 114의 수라(장)로 되어 있다. 대체로 구절이 긴 장이 꾸란 전반부에 위치하고, 짧은 장(수라)들은 뒷부분에 위치한다. 계시를 받은 순서대로 배열한 것이 아니다.

꾸란은 크게 '메카장'과 '메디나장'으로 구분된다. 주로 메카장은 이슬람 초기의 계시들이 많이 있고, 메디나 장은 후기의 계시들로 구성된 편이다. 그 주 내용은 아직 이슬람 세력이 자리를 확고히 하지 못한 상태에 있었던 시기의 계시들이 많은 메카 장들의 경우엔, 주로 '교리'와 '윤리'를 다루고 있는 편이다. 반면에 이슬람 세력이 커지고 자리를 잡은 이후의 계시들이 많은 메디나 장들의 경우엔, 커진 이슬람 공동체 유지에 필요한 '법도'와 '국가의 입법'을 주로 다루고 있는 편이다.

3. 꾸란에서 말하는 꾸란

1) 꾸란은 알라로부터 왔다.

✿ 꾸란은 하늘과 땅의 창조주로부터 내려왔다. (20:4)

✿ 알라께서는 꾸란을 '축복받은 밤(الليلة مُبرِكة)'에 내려주셨다. (44:3)

🌸 알라께서는 꾸란을 '운명(권능)의 밤(القدر ليلة)'에 내려주셨다. (97:1)

2) 꾸란에는 위조나 허위, 의심이나 모순이 없다.

🌸 꾸란은 알라 이외의 누구에 의해서도 위조되지 않았다. 오히려 꾸란은 그 이전에 있는 것(신구약성경)을 증명(확인)해주며, 그 책(성경)의 설명을 명확하게 해준다. 그것(꾸란) 안에는 의심의 여지가 없으며, 그것은 세상의 주님으로부터 온 것이다. (10:37)

🌸 꾸란에는 어떤 허위도 근접할 수 없다. (41:41, 42)

🌸 꾸란은 의심의 여지가 없다. (2:2)

🌸 꾸란은 의심할 만한 것이 없고 꾸며낸 것도 아니다. (2:23, 10:38, 11:13, 52:33)

🌸 만약 꾸란이 알라가 아닌 다른 것으로부터 왔다면, 그 속에는 많은 모순(불일치)이 있었을 것이다. (4:82)

🌸 어떤 인간이나 영마(Jinn=جن)들도 꾸란과 비슷한 것을 만들 수 없다. (17:88)

3) 꾸란은 잘 보호되었다.

🌸 꾸란은 잘 보호된 책 속에 있는 숭고한 것이다. (56:77, 78)

🌸 꾸란은 서판에 잘 보호되고 있는 영광스러운 것이다. (85:21, 22)

4) 꾸란은 분명하고 가치있다.

🌸 꾸란은 분명(명백)하다. (5:15 ; 15:1 ; 44:1)

🌸 꾸란은 가치 있는 책이다. (98:3)

5) 꾸란은 길잡이요 복음이요 훈계요 치유와 자비이다.

🌸 꾸란은 믿는 자들을 위한 길잡이요 복음(좋은 소식)이다. (27:1, 2)

🌸 꾸란은 사람들에게 주어진 증거(진술)이며, 믿는 자들을 위한 길잡이요 가

르침이다. (3:138)

✿ 꾸란은 의로운 자에게 기쁜 소식을 주고, 다투는 자들에겐 경고를 준다.

(19:97)

✿ 알라께서는 알라를 경외하는 자들을 불행하게(슬프게) 하려고 꾸란을 내려

보낸 것이 아니고, 알라를 경외하는 자들에게 주는 훈계(교훈)로서 꾸란을

내려 보내셨다. (20:2, 3)

✿ 알라께서는 믿는 자에게는 치유와 자비가 되고, 불의한 자에게는 손실(손

해)만 더해지는 것을 꾸란을 통해 내려주셨다. (17:82)

→ 위의 꾸란 구절은 결국 꾸란이 믿는 자들에게는 알라의 치유와 자비를 누릴 수 있
게 하는 복이지만, 불의한 자들에게는 손해만 가중시키는 화가 된다는 의미라 할
수 있다.

✿ 꾸란은 믿는 자들에겐 안내와 치유이지만, 믿지 않는 자들은 듣지도 보지

도 못해서 먼곳으로부터 불리어지는 것과 같다. (41:44)

6) 꾸란은 이전의 알라의 책에 언급되어 있다.

✿ 꾸란은 이전의 예언자들의 선지서(성경)에 언급되어 있다. (26:196, 197)

→ 그러나 분명한 사실은, 성경 어디에도 꾸란에 대한 언급은 나오지 않는다.

7) 그외 꾸란에 대한 기록들

✿ 꾸란 가운데 될수록 쉬운 부분을 많이 독송하라. (73:20)

✿ 꾸란을 낭독할 때는 저주받은 사탄으로부터의 피난처를 알라께 구하라.

(16:98)

✿ 꾸란에는 여러 비유들이 있다. (17:89)

☞ 꾸란에서 말하는 꾸란에 대해 한 구절로 정리해보라 한다면, "꾸란은

알라 이외의 누구에 의해서도 위조되지 않았다. 오히려 꾸란은 그 이전에

있는 것(신구약성경)을 증명(확인)해주며, 그 책(성경)의 설명을 명확하게 해준다. 그것(꾸란) 안에는 의심의 여지가 없으며, 그것은 세상의 주님으로부터 온 것이다"라는 꾸란 10:37로 정리할 수 있을 것이다.

위와 같이 꾸란에서는 어떤 위조나 허위나 거짓이나 모순도 없이 잘 보존된 신적 권위와 복을 갖는 꾸란에 대해 말하고 있음을 알 수 있다.

서점에 진열되어 있는 꾸란

제2장
꾸란에서 말하는 이슬람

이슬람이란 무엇일까? 이슬람 측에서 말하는 이슬람과 보통 일반 사회 속에서 일컬어지는 이슬람에 대한 입장엔 서로 차이를 보이는 것 같다. 특히 서구사회나 한국사회에서 느끼게 되는 이슬람은, 그리 친숙하지도 긍정적이지도 않은 것 같다는 생각을 하게 된다.

그래서 이번 장에서는 먼저 이슬람 측에서 주장하는 이슬람에 대해 살펴본 후, 꾸란에서 말하는 이슬람에 대해 정리하고자 한다.

1. 이슬람에 대한 이슬람 측의 입장

한국 이슬람 중앙회 홈페이지에 올려져 있는 이슬람 소개 책자들 중, 국제무슬림학생연합회의 이름으로 출판된 소책자 『이슬람이란 무엇인가?』에서 소개하고 있는 이슬람은 아래와 같다.

"이슬람은 아랍어로 복종, 항복, 순종 등을 의미한다. 종교로서의 이슬람은 알라께 대한 완전한 복종과 순종을 나타내며, 이 때문에 이슬람이라 불리운다. 이슬람의 또 다른 의미는 평화이다. 알라께 복종과 순종을 할 때에만 몸과 마음의 진정한 평화를 이룰 수 있다는 뜻이다. 그러한 복종의 삶을 통하여 마음에 평안이 오고, 사회 전반에 걸쳐 진정한 평화를 이룰 수 있다라고 믿는 것이 이슬람이다."

또 한국 이슬람 중앙회 홈페이지 '이슬람에 대한 질문과 대답'이라는 곳에서는 이슬람에 대해 이렇게 소개한다.

"이슬람은 알라에의 절대적 순종과 복종을 말하며, 알라가 계시한 율법인 꾸란과 무함마드의 말인 하디쓰를 믿으며 무함마드의 실천을 따라 순나를 실천하는 것이다."

출처 http://www.islamkorea.com/islamkorea_3.html

2. 꾸란에서 말하는 이슬람

1) 이슬람은 알라의 종교이다. (3:19)
2) 이슬람은 무슬림의 종교이다.
❀ 알라께서는 무슬림을 위해 이슬람을 무슬림의 종교로 선택하였고, 무슬림의 종교(이슬람)를 완전케 했다. (5:3)
❀ 알라께서는 무함마드를 알라의 메신저(라술)로 따르는 사람들의 이름을 무슬림이라 하셨다. (22:78)
　→ 이것은 무슬림의 종교인 이슬람의 기원이 알라에게서 비롯된 것임을 의미하는 것으로 이해할 수 있다.

3) 이슬람은 가장 좋은 종교이다.

❀ 이슬람은 다른 종교들보다 더 위에 있는 종교이다. (61:9)

❀ 하니프 아브라함의 종교를 따르는 이슬람은 가장 좋은 종교이다. (4:125)

4) 이슬람은 노아, 아브라함, 모세, 예수의 종교와 동일한 종교이다. (42:13)

→ 이것은 노아, 아브라함, 모세, 예수와 같이 성경에 등장하는 인물들이 모두 이슬람을 따르는 무슬림이었다고 말하는 것이나 다름없다. 소위 '이슬람 성취론(완성론)'를 지지하는 구절이라 할 수 있다.

5) 이슬람은 이슬람 이전의 알라의 계시인 성경을 믿는다.

❀ 이슬람의 꾸란은 알라께서 아브라함, 이스마엘, 이삭, 야곱, 모세, 예수 그리고 그의 모든 예언자들에게 내려주신 것들을 차별없이 믿을 것을 말한다. (2:136)

❀ 이슬람의 꾸란은 무슬림들에게 그들에게 내려진 것(꾸란)과 그들 이전에 내려진 것(성경)을 믿을 것을 말한다. (2:4)

6) 이슬람은 친절과 정의를 말하는 종교이다.

❀ 이슬람은 사람들에게 친절하게 대할 것을 명한다. (4:36)

❀ 이슬람은 무슬림들에게 타인과의 관계에서 정의로울 것을 말한다. (5:8)

7) 이슬람은 알라께서 받으시는 유일한 종교이다.

❀ 이슬람 이외의 종교를 구하는 사람은 알라께 받아들여지지 않을 것이며, 마지막 때에 잃은 자 가운데 있게 될 것이다. (3:85)

❀ 알라와 그분의 메신저(라술)에게 복종하는 자는 선지자들, 진실한 자들, 순교자들, 의로운 자들과 같은 알라의 호의(복)를 받을 자들 사이에 있게 될 것이다. (4:69)

→ 이 구절은 결국 이슬람을 따르는 사람은 알라의 은혜를 받는 사람들 속에 있게 된다는 의미로, 이슬람이 알라의 은혜를 입을 수 있는 길이란 의미로 이해할 수 있다.

☞ 위와 같이 꾸란에서는 이슬람을 세상에서 가장 좋고 뛰어난 종교로 말하면서, 무슬림들에게 이슬람 이외의 다른 종교를 구하지 말라고 말한다. 그래야 알라의 은혜를 받을 수 있다는 것이다.

그러면서도 이슬람 이전의 종교들 즉 유대교와 기독교의 경전인 구약성경과 신약성경도 알라께서 내려주신 것이므로 성경 역시 믿어야 할 것이라 말한다. 이것은 이슬람이야말로 새로운 종교가 아닌, 이전의 종교들을 잇는 아니 완성하는 종교라는 소위 '이슬람 성취론(완성론)'을 주장하는 것이라 할 수 있다.

북아프리카 마그립지역 이슬람화의 전초기지 역할을 했던
튀니지 까이루완에 있는 '우크바 이븐 나파' 모스크

제3장

꾸란에서 말하는 알라와
성경에서 말하는 하나님
(알라와 하나님은 동일한가 다른가?)

기독교의 여호와 하나님과 이슬람의 알라는 같은 분일까 아니면 서로 다른 분일까?

이슬람 측에서는 동일한 분이라고 말하는 데 비해, 기독교 측에서는 그 의견이 다른 것을 볼 수 있다. 기독교인들 중에서도 어떤 이들은 같은 신이라고 하는가 하면, 또 어떤 이들은 서로 다른 신을 섬긴다고 말하는 이들도 있다.

같은 신이라면 성경에서 말하는 하나님과 꾸란에서 말하는 알라의 특성이 서로 일치해야 할 것이다. 서로 다른 신이라면, 다른 신이라고 할 수밖에 없는 분명한 차이가 있어야 할 것이다.

이번 장에서는 꾸란에서 말하는 알라에 대해 알아보되, 성경의 하나님과의 유사점과 차이점으로 나누어 알아보고자 한다.

1. 성경의 하나님과 유사한 꾸란의 알라

1) 알라는 창조주이시다.

✿ 알라는 만물의 창조주이시다. (39:62)

✿ 알라는 모든 것을 창조하셨다. (40:62)

✿ 알라는 세상을 여셨다(창조하셨다). (85:13)

✿ 알라께서는 6일 동안 하늘과 땅을 창조하셨다. (10:3)

2) 알라는 유일하시고 홀로 계신다.

✿ 알라는 유일하신 분이다. (112:1 ; 2:116 ; 6:163)

✿ 알라 외에는 신이 없다. (40:62)

✿ 알라는 홀로 계신다. (112:2)

✿ 알라는 친구나 동료가 없다. (2:116 ; 6:163)

✿ 알라는 낳지도 태어나지도 않으셨다. (112:3)

3) 알라는 전지전능하시다.

✿ 알라는 모든 것을 들으신다. (4:58 ; 10:65 ; 40:56)

✿ 알라는 모든 것을 보신다. (39:62 ; 4:58 ; 40:56 ; 57:4)

✿ 알라는 모든 것을 아신다. (57:3 ; 59:18 ; 10:65)

✿ 알라는 인간의 마음속에 있는 것을 너무도 잘 아신다. (57:6)

✿ 알라는 보이지 않는 것과 보이는 것을 모두 아신다. (59:22)

4) 알라는 자애로우시고 자비로우시다.

✿ 알라는 용서하시고 사랑을 지니신 분이시다. (85:14)

✿ 알라는 용서해주실 수 있는 유일하신 분이시다. (74:56 ; 61:12)

❀ 알라는 자애로우시고 자비로우시다. (1:1 외 다수)

❀ 알라께서는 뜻하시는 자에게 위대한 은총을 내려주신다. (57:29)

5) 알라는 선을 사랑하시고 악은 미워하신다.

❀ 알라는 선행을 행하는 사람에게 커다란 보상을 해주신다. (4:40 ; 37:80, 121)

❀ 알라께서는 부정한 행위를 명령하시지 않으신다. (7:28)

❀ 알라께서는 범죄하는 자를 사랑하지 않으시고(2:190), 선을 행하는 자를 사랑하신다. (2:195)

❀ 알라께서는 알라를 경외하는 자와 함께 하신다. (2:194)

6) 알라는 번창케 하시고 보상하신다.

❀ 알라는 번창하게 하시는 분이시다. (85:13)

❀ 알라께서는 알라를 위해 싸우고 베푼 자에게 보상을 하신다. (57:10)

❀ 알라는 선행을 행하는 사람에게 커다란 보상을 해주신다. (4:40 ; 37:80, 121)

7) 알라는 믿는 자와 함께 하시고 도와주신다.

❀ 알라는 믿는 자들이 어디에 있든지 그들과 항상 함께하신다. (57:4)

❀ 알라는 믿는 자의 적들을 잘 아신다. (4:44)

❀ 알라는 믿는 자의 후원자요 돕는 자이시다. (4:44)

❀ 알라는 모든 간구를 들어주신다. (112:2)

❀ 알라께서는 인간을 결코 그릇되게 하지 않으신다. 다만 인간 스스로가 그릇되게 한다. (10:44)

8) 알라는 스스로 원하시는 것을 행하신다.

❀ 알라는 원하시는 것을 행하신다. (85:16)

❀ 알라는 뜻하시는 자를 미혹케도 하시고 인도하시기도 하신다. (74:31)

❀ 알라는 그가 원하시는 대로 인간에게 자비를 베푸시기도 하고 벌을 주시기도 하신다. (17:54)

❀ 알라께서는 현세와 내세에서 확증된 말씀으로 믿는 자를 확증하며, 나쁜 짓을 하는 자를 방황케 하신다. 알라께서는 원하시는 대로 행하신다. (14:27)

❀ 알라께서는 원하시는 자에게 알라를 염원하는 마음을 주신다. (74:56)

❀ 알라께서는 원하시는 자를 크게 하시기도 하시고 작게 하시기도 하신다. 알라께서는 원하시는 자를 방황케 하시기도 하시며 알라께 인도하시기도 하신다. (13:26, 27 ; 14:4)

❀ 알라는 자신의 원대로 드러내시기도 하시고 감추시기도 하신다. (57:3)

❀ 알라는 인간을 웃게도 하시고 울리기도 하신다. (53:43)

❀ 알라는 죽게도 하시고 살리시기도 하신다. (53:44)

❀ 아무도 알라의 허락에 의하지 않고서는 믿을 수 없다. (10:100)

→ 이 말은 알라가 그의 선지자들을 통해 전한 경고나 징표들을 사람들이 받아들이느냐 그렇지 않느냐의 문제는, 알라께서 사람들에게 믿음을 주셨느냐 그렇지 않느냐에 따라 달라진다는 것을 의미한다. 인간이 알라에 대한 믿음을 소유하느냐 그렇지 않으냐 역시 철저히 알라의 주권에 달려있음을 강조하는 의미로 이해할 수 있다.

9) 알라는 구원자이시다.

❀ 알라께서는 알라의 메신저들과 믿는 자들을 구원하신다. (10:103)

10) 알라는 살아계신다. (40:65)

11) 알라는 최초(처음)이자 마지막(끝)이시다. (57:3)

12) 알라는 훌륭한 심판자이시다. (10:109)

13) 알라는 징벌할 땐 가혹하게 징벌하신다. (85:12)

14) 알라는 인간의 눈으로는 볼 수 없다. (6:103)

15) 알라께서는 알라의 말씀으로 진리를 세우신다. (10:82)

16) 알라는 왕이시다.

 ✿ 알라는 인간의 주님이시고, 왕이시고, 신이시다. (114:1~3)

 ✿ 알라는 왕(통치자)이시며, 거룩하시며 평화이시다. (59:23)

17) 알라께서는 마술을 헛된 것으로 만드신다. (10:81)

지금까지 살펴본 꾸란에서 말하는 알라의 특성들은 성경에서 말하는 하나님의 특성과 크게 다르지 않다.

또 꾸란 42:13에서는 '이슬람은 노아, 아브라함, 모세, 예수의 종교와 동일한 종교'라고 기록하고 있다. 즉 성경의 하나님과 동일한 하나님을 섬기고 따르는 것이라고 말하고 있는 것이다.

또 꾸란 3:84에서는 "무슬림은 아브라함과 이스마엘과 이삭과 야곱과 그 종족들에게 계시된 것을 믿으며, 또한 모세와 예수 그리고 다른 예언자들이 그들의 주님으로부터 받은 것을 믿는다"라고 기록하고 있다.

즉 이 말은 꾸란은 성경을 알라의 말씀으로 인정하며, 무슬림들은 성경을 믿어야 함을 의미한다. 이 꾸란 구절 역시 결론은 꾸란의 알라와 성경의 하나님은 동일한 분이라고 말하는 것으로 볼 수 있다.

☞ 결국 꾸란의 위 구절들에서 말하는 알라에 대한 특성들과 꾸란의 직접적인 언급 등을 통해, 꾸란에서는 꾸란의 알라와 성경의 하나님은 동일한

분이라고 기록하고 있음을 알 수 있다.

2. 성경의 하나님과 다른 꾸란의 알라

성경의 하나님과 꾸란의 알라의 가장 큰 차이점 중 하나는 '신의 아버지됨과 믿는 자의 자녀됨'를 인정하느냐 그렇지 않느냐라고 할 수 있을 것이다.

이와 관련하여 성경에 따르면,

하나님은 '아바 아버지'이시다. 그리고 하나님을 믿고 따르는 그분의 백성들은 '하나님의 자녀'이다. 성경은 줄기차게 하나님과 그분의 백성들의 관계를 '아버지와 자녀'의 관계로 설명하면서, 이 관계를 매우 중요하게 다루고 있다. 그래서 하나님을 믿는 그분의 백성들로 하여금 하나님을 '아버지'라 부를 수 있게 했다.

특히 예수 그리스도는 '하나님의 독생자'이신 '하나님의 외아들'이시다. 성경에 따르면 사람은 하나님의 아들이신 예수 그리스도를 통해 하나님을 알 수 있고 볼 수 있고 하나님 나라에 갈 수 있다.

그러나 꾸란에서는 철저히 알라의 아버지됨을 거부한다. 때문에 알라에게 자녀 역시 있을 수 없고, 피조물인 인간이 창조주이신 알라를 가리켜 '아버지'라고도 부를 수 없다.

꾸란에서 말하는 알라의 특성들 중 성경의 하나님과 다른 특성들을 몇 가지 살펴보면, 아래와 같은 것들을 들 수 있다.

1) 꾸란의 알라는 아버지도 아니고 아들도 없다.

❀ 알라에게는 아들이 없다. (4:171 ; 6:101 ; 18:5, 6 ; 19:35, 36, 90~93 ; 23:91 ; 25:2 ; 37:149~159 ; 39:4)

❀ 알라에게는 어떤 아내도 아들도 없다. (6:101 ; 25:2 ; 72:3, 4)

❀ 알라는 낳지도 아니하시고 태어나지도 아니하셨다. 따라서 자식을 둔 적도 부모를 둔 적도 없다. (112:3)

2) 꾸란의 알라는 피조된 인간들을 알라의 아들로 삼지 않으셨다. (5:18)

→ 위 구절은 기독교인들과 유대교인들 같은 성경의 백성들이 자신들을 가리켜 '알라의 아들이자 선택된 알라의 백성들'이라고 말하는 것을 반박하면서, 알라는 피조물을 아들로 삼지 않으시기에 알라에게는 아들이 있을 수 없고 알라 역시 아버지일 수 없다는 것을 강조하는 말이다.

3) 꾸란의 알라는 예수님의 신성을 부인한다.

"예수는 마리아의 아들이며 알라의 메신저(라술)일 뿐, 알라가 아니다." (5:17, 72, 75, 116, 117 외)

→ 꾸란에서의 알라는 한결같이 예수님의 신성을 부인한다. 예수는 한 인간일 뿐이다. 따라서 예수는 알라도 아니고 알라의 아들도 아니라고 한다.
그러나 성경은 예수님의 하나님됨과 하나님의 아들 되심을 말한다.

4) 꾸란의 알라는 예수님의 십자가의 죽음을 부정한다.

"예수는 십자가에서 못박히지 않았으며, 따라서 십자가에서 죽지도 않았다. 단지 십자가에 못박힌 것처럼 보이도록 한 것뿐이며, 알라께서는 예수를 구출하여 승천 즉 알라께로 높이셨다." (4:157, 158 ; 5:110)

→ 그러나 성경에서의 하나님은 그의 독생자이신 예수님을 십자가에서 죽게 하셨다.

5) 꾸란의 알라는 성경의 대속 개념을 거부한다.

꾸란에 의하면 누구도 다른 사람의 짐을 대신 질 수 없다. (꾸란 6:164 ; 35:18 ; 39:7 ; 17:15 ; 53:38)

모든 사람은 자신의 행위에 대해 자신이 책임져야 한다. 다른 누군가가 대신 감당해 줄 수는 없다고 말한다.

> → 반면에 성경에서는 다른 사람의 죄를 누군가가 대신 지는 '대속'의 개념을 매우 중요하게 다루고 있다. 하나님께서 죄 없으신 독생자 예수님을 십자가의 고난의 길을 가게 하신 이유가, 죄로 죽을 수밖에 없는 인간들의 죄를 대신 지심으로써 인간의 죄의 문제를 해결해 주시기 위함이라고 말한다. 그래서 인간은 자신의 죄를 대신 지신 예수님을 각자의 주님으로 믿고 따름으로써 죄 문제를 해결받을 수 있다.

6) 꾸란의 알라는 '악(evil = شَرّ)'을 만드셨다. (113:2)

꾸란은 '악(evil = شَرّ)'에 대해 알라께서 창조하신 것이라고 기록함으로써, 악의 근원을 알라에게로 돌리고 있다. 알라는 세상의 모든 것들을 창조하셨는데, 알라께서는 좋고 선한 것들뿐 아니라, 나쁘고 악한 것들 역시 창조하셨다는 것이다.

> → 반면에 성경은, 창세기 1장에서 처음 하나님께서 창조하신 것들이 보시기에 참 좋았다고 기록하고 있다. 즉 처음 하나님은 보시기에 참 좋은 선한 것들을 창조하셨지, 악한 것들을 창조하신 것이 아니라는 것이다. 성경은 악의 근원을 하나님께로 돌리지 않는다.

7) 꾸란의 알라는 알라의 은혜와 죄 용서를 받아 구원을 받을 조건으로, 무함마드를 믿고 그에게 복종할 것을 말한다.

❀ 알라는 알라를 경외하고 알라의 메신저(무함마드)를 믿는 무슬림에게 곱절의 자비를 내려주시고, 광명을 주시고 용서를 베풀어주신다. (57:28)

❀ 이것이 알라의 경계이니, 알라와 알라의 메신저(무함마드)에게 복종하는 사람은 알라께서 그를 냇물이 흐르는 낙원에 들어가게 하시어 그곳에서 살게 하시니, 이것이 큰 승리이다. 그리고 알라와 그분의 메신저(무함마드)에게

불복종하고 그분의 경계를 벗어나는 사람은, 알라께서 그 사람을 불지옥으로 들여보내 그 안에서 살게 하시니, 그에게 굴욕적인 고통이 주어질 것이다. (4:13, 14)

→ 꾸란의 알라는 위의 꾸란 구절들뿐 아니라 여러 구절들에서 알라의 자비와 사랑 그리고 죄 용서 같은 은혜를 입고 또 구원받기 위한 조건들 중 하나로, 무함마드를 믿고 따르며 그에게 복종해야 한다고 말한다.

알라도 믿고 기도도 하고 구제도 하고 금식도 하면서 선행을 해도, 무함마드를 믿지 않고 그에게 복종하지 않으면, 알라의 은혜도 죄 용서도 구원도 받을 수 없다고 말한다. 알라께서 그렇게 말했다는 것이다.

그러나 성경의 하나님은 무함마드를 믿고 따르고 그에게 복종해야 구원받을 수 있다라고 말하지 않는다. 성경에는 무함마드라는 이름 자체가 없다. 오히려 성경은 하나님께서 구원의 조건으로 하나님의 독생자이시며 중보자 되시는 예수 그리스도를 믿어야 함을 말한다.

8) 꾸란의 알라는 믿는 자들에게 원수에 대한 직접 복수(보복)와 단교를 말한다.

✿ 모든 무슬림들에겐 죽임(살인)과 관련된 정당한 복수(보복)의 규정이 명령되었다. (2:178)

✿ 모든 신성한 것들에는 보복의 율법이 있다. (2:194)

✿ 알라께서는 종교적인 문제로 무슬림들에게 싸움을 걸지 않는 사람과 무슬림들을 고향에서 쫓아내지 않는 자들에게 무슬림들이 친절하게 대하고 공정하게 대우하는 것을 금하시지 않으신다. 그러나 종교적인 문제로 무슬림들과 싸우는(죽이는) 자, 무슬림들을 고향에서 쫓아낸 자 그리고 무슬림들

을 추방하는 데 도움을 준 자들과 무슬림들이 우정을 맺는 것을 죄를 짓는 것이라 말하면서 금지하셨다. (60:8, 9)

→ 위의 꾸란 구절들에서 알 수 있듯이, 꾸란의 알라는 믿는 신자들에게 원수에 대한 살인을 포함한 복수(보복)를 명령하고 있다. 아울러 원수와 우정을 맺는 것을 죄로 규정하면서 금지시키는 단교도 명하고 있다.

반면에 성경의 하나님은 믿는 신자들에게 원수에 대한 직접적인 보복(복수)명령을 내리시지 않는다. 오히려 원수 갚는 보복(복수)의 문제는 인간이 할 일이 아니라, 하나님의 일이라 말한다. (신명기 32:35 ; 히브리서 10:30 외) 그러면서 원수를 갚는 것을 하지 말라고 하신다. (레위기 19:18 외) 특히 신약성경에서는 원수를 미워하지 말고 오히려 잘해주고 좋게 대해주고 사랑하면서 원수를 위해 기도해주라고까지 말한다. (마태복음 5:44 ; 누가복음 6장 외)

☞ 위에서 살펴본 바와 같이, 꾸란의 알라는 성경의 하나님과 다른 특성들을 여럿 가지고 있다. 하나님의 아버지 되심을 인정하지 않는 꾸란의 알라는, 신구약 전체 성경에서 볼 때 성경의 하나님과 같은 분이라고 볼 수 없다.

기독교의 상징인 십자가와 이슬람의 상징인 초승달이 공존하는 모습

뿐만 아니라 신약성경에 나타난 하나님은 그분의 독생자이신 예수 그리스도를 빼고 생각할 수 없는 분이시다. 그런데 꾸란에서는 예수님에 대한 신성과 그분의 대속 사건 자체를 인정하지 않는다. 또한 인간이 죄 문제를 해결함 받고 구원받을 수 있는 유일한 길이신 예수님을 인정하지 않는다.

따라서 신약성경에 나타난 하나님의 특성과 비교해볼 때도 꾸란의 알라는 성경의 하나님과 동일한 분으로 볼 수 없다고 결론 내릴 수밖에 없다.

성경의 하나님과 꾸란의 알라가 동일한 분이 되기 위해서는, 예수 그리스도를 통해 발견되고 만날 수 있는 하나님의 개념을 버려야 할 것이다. 그러나 그렇게 하는 것은 성경 속에 나타난 하나님의 뜻이 아니다. 때문에 서로 다른 신을 각각 알라와 여호와 하나님이란 이름으로 섬기는 것이라 할 수 있다.

제4장

꾸란에서 말하는
평화와 폭력
(꾸란은 평화를 말하는가 폭력을 말하는가?)

오늘날 이슬람과 관련하여 가장 큰 논란거리를 말하라고 한다면, 아마도 많은 사람들이 이슬람이 평화의 종교인지 아니면 폭력의 종교인지에 대한 문제를 말할 것이다.

일반적으로 이슬람 측에서는 이슬람은 '평화의 종교'라고 주장한다. 한국이슬람중앙회 홈페이지에 실린 자료만 보더라도, 이슬람은 테러나 전쟁과 같은 폭력이나 살인과는 무관한 평화의 종교라고 소개하고 있다.

(출처 http://www.islamkorea.com/pdf/%EC%9D%B4%EC%8A%AC%EB%9E%8C%EC%9D%80%
20%ED%8F%89%ED%99%94%EC%9D%98%20%EC%A2%85%EA%B5%90%EC%9E%85%EB%8
B%88%EB%8B%A4.pdf)

그러나 이슬람측의 위와 같은 주장에도 불구하고, 수많은 한국인들이나 서구인들은 이슬람을 평화의 종교라고 생각하지 않고,

전쟁이나 테러를 일으켜 사람을 죽이는 '폭력의 종교'로 생각하는 것 같다.

  그도 그럴 것이 전 세계가 이슬람의 이름으로 자행되는 테러나 전쟁과 같은 살인과 폭력의 문제로 골머리를 앓고 있고, 수많은 사람들이 직간접적으로 고통을 받고 있기 때문이다. 그리고 그런 고통은 과거뿐 아니라, 현재도 계속되고 있으며, 미래에도 계속될 것으로 여기는 것 같다.

  세계 여러 지역에서 이슬람의 이름으로 테러가 자행되고 있다. 국제적인 테러 단체들로 잘 알려진 '알카에다'나 '이슬람국가(IS)' 그리고 '보코하람' 등도 이슬람의 이름으로 비무슬림들을 향해 테러를 자행하며 살인을 하고 있다.

  실제로 오늘날 전쟁이나 테러와 같은 문제로 어려움을 겪고 있는 지역을 보면, 대부분 그 중심엔 이슬람이 있는 것을 볼 수 있다.

  뿐만 아니라, 이슬람 국가들 내부에서조차 같은 무슬림들끼리 서로를 적대시하며 서로에게 테러를 자행하는 것을 볼 수 있다. 순니파와 쉬아파간의 갈등과 같은 이슬람 내부의 종파간의 갈등이 그 대표적인 예이다.
  이슬람 내부에서 같은 무슬림들끼리 서로를 향해 죽고 죽이는 테러를 일으키는 이유에는, 종교 이념적으로 서로 다르면 상대방을 향해 '카피르(불신자)'나 '무쉬리쿤(다신론자)' 등으로 정죄하면서 이단시하는 이슬람의 '타크피르(تكفير) 문화'의 영향이 크게 작용한 것으로 볼 수 있다.

과연 이슬람의 '타크피르 문화'는 어디에서 기인한 것일까?

그리고 왜 무슬림들은 같은 알라와 무함마드에 대한 신앙을 고백하며 무슬림이라고 고백하는 또 다른 이들을 향해 테러를 저지르며 그것을 알라를 위한 '성전(지하드=جهاد)'라고 말할까?

과연 이슬람은 평화의 종교인가 아니면 폭력의 종교인가?
만약 이슬람이 평화의 종교가 아닌 폭력의 종교라면, 도대체 이슬람은 무슨 신적 근거로 폭력을 행하는 걸까?

이번 장에서는 이슬람과 관련된 평화와 폭력의 문제에 대해 꾸란에서는 무어라 말하고 있는지 알아본다.
사실 꾸란에서는 무슬림들에게 평화와 폭력 모두를 이야기한다. 따라서 먼저 꾸란에서 말하는 평화에 대해 알아보고, 이어서 꾸란에서 말하는 폭력에 대해 알아볼 것이다.

1. 꾸란에서 말하는 평화의 종교로서의 이슬람

✿ 종교에는 강요가 없다. (2:256) - 히즈라 이후 계시

لَا إِكْرَاهَ فِي الدِّينِ

❀ 적이 평화를 원한다면(기울어지면) 너희도 평화를 추구하라. (8:61) - 히즈라

　이후 계시

$$وَإِن جَنَحُوا لِلسَّلْمِ فَاجْنَحْ لَهَا$$

2. 꾸란에서 말하는 폭력의 종교로서의 이슬람

1) 죽이라. / 싸우라.

❀ 금지된 달들이 지나면, 너희가 발견하는 다신론자들마다 죽이고, 그들을

　포로로 잡고, 그들을 포위할 것이며, 모든 망루(매복처)에 앉아 그들을 기다

　리라. (9:5) - 히즈라 이후 계시

$$فَإِذَا انسَلَخَ الْأَشْهُرُ الْحُرُمُ فَاقْتُلُوا الْمُشْرِكِينَ$$
$$وَاحْصُرُوهُمْ وَاقْعُدُوا لَهُمْ كُلَّ مَرْصَدٍ$$

→ '금지된 달들الأشهر الحرم'의 기간은 4개월이다. 무슬림들은 이 4개월간의 금지월 기
　간 동안엔 어떤 적대행위도 해서는 안 된다. 그러나 이 기간이 지나면 적대행위가
　가능하다.

❀ ~ ~ 위선자들이 알라의 길로 이주할 때까지 그들(위선자들)로부터 후원자

　를 얻지 말라. 만약 그들이 도망하면 그들을 포획하고 그들을 발견하는 대

　로 살해하라. 그리고 그들로부터는 후원자(보호자)나 승리자(구원자)도 삼

　지 말라. (4:89) - 히즈라 이후 계시

$$۔۔۔۔۔ فَلَا تَتَّخِذُوا مِنْهُمْ أَوْلِيَاءَ حَتَّى يُهَاجِرُوا فِي سَبِيلِ اللَّهِ فَإِن تَوَلَّوْا فَخُذُوهُمْ$$
$$وَاقْتُلُوهُمْ حَيْثُ وَجَدتُّمُوهُمْ وَلَا تَتَّخِذُوا مِنْهُمْ وَلِيًّا وَلَا نَصِيرًا$$

❀ 알라와 그분의 메신저(라술)에 대항하여 전쟁하며 땅에 혼란을 만드는 자

　에 대한 보답은, 살해되거나 십자가에 못박히거나 그들의 손과 발이 서로

　다른 짝으로 잘리어지거나 그 땅으로부터 추방되는 것이니라… (5:33) - 히

즈라 이후 계시

إِنَّمَا جَزَاءُ الَّذِينَ يُحَارِبُونَ اللَّهَ وَرَسُولَهُ وَيَسْعَوْنَ فِي الْأَرْضِ
فَسَادًا أَنْ يُقَتَّلُوا أَوْ يُصَلَّبُوا
أَوْ يُنْفَوْا مِنَ الْأَرْضِ - - - - -

❀ 4개월간의 금지된 달이 지나면 다신론자들을 죽이라(싸우라). (9:36) - 히즈
라 이후 계시

- - - - - مِنْهَا أَرْبَعَةٌ حُرُمٌ ذَلِكَ الدِّينُ الْقَيِّمُ فَلَا تَظْلِمُوا فِيهِنَّ أَنْفُسَكُمْ
وَقَاتِلُوا الْمُشْرِكِينَ كَافَّةً كَمَا يُقَاتِلُونَكُمْ كَافَّةً - - - - -

❀ 폭동이 사라지고 종교가 온전히 알라의 것이 될 때까지 그들(불신자들)을
죽이라(싸우라). (8:39) - 히즈라 이후 계시

وَقَاتِلُوهُمْ حَتَّى لَا تَكُونَ فِتْنَةٌ وَيَكُونَ الدِّينُ كُلُّهُ لِلَّهِ

❀ 알라와 마지막 날(종말)를 믿지 않는 자들 그리고 알라와 그분의 메신저가
금한 것을 지키지 않는 자들, 및 진리의 종교를 믿지 않는 자들에 대해 항복
하여 세금을 지불할 때까지 싸우라(죽이라). (9:29) - 히즈라 이후 계시

قَاتِلُوا الَّذِينَ لَا يُؤْمِنُونَ بِاللَّهِ وَلَا بِالْيَوْمِ الْآخِرِ
وَلَا يُحَرِّمُونَ مَا حَرَّمَ اللَّهُ وَرَسُولَهُ وَلَا يَدِينُونَ دِينَ الْحَقِّ مِنَ الَّذِينَ أُوتُوا
الْكِتَابَ حَتَّى يُعْطُوا الْجِزْيَةَ عَنْ يَدٍ وَهُمْ صَاغِرُونَ

❀ 믿는 자들은 알라의 길에서 싸우고 불신자들은 마귀(사탄)의 길에서 싸우
니, 너희(무슬림)는 사탄의 협력자들(보호자들, 불신자들)에 대항하여 싸우
라(죽이라). (4:76) - 히즈라 이후 계시

الَّذِينَ آمَنُوا يُقَاتِلُونَ فِي سَبِيلِ اللَّهِ
فَقَاتِلُوا أَوْلِيَاءَ الشَّيْطَانِ

💠 믿는 자들이여, 너희 가까이에 있는 불신자들과 싸우고(죽이고), 그들로 하여금 너희가 엄함(가혹함)을 알게 하라. … (9:123) - 히즈라 이후 계시

يَا أَيُّهَا الَّذِينَ آمَنُوا قَاتِلُوا الَّذِينَ يَلُونَكُمْ مِنَ الْكُفَّارِ وَلْيَجِدُوا فِيكُمْ غِلْظَةً

💠 알라는 알라의 길에서 싸우는(죽이는) 사람들을 사랑하신다. (61:4)

انَّ اللَّهَ يُحِبُّ الَّذِينَ يُقَاتِلُونَ فِي سَبِيلِهِ

💠 이 외에도 알라를 위해 불신자들이나 다신론자들 그리고 비무슬림들과 싸울(살인 포함) 것을 요구하는 여러 구절들이 있다. (4:74, 77 ; 3:167~169 ; 2:190~194 외 다수)

☞ 위의 여러 꾸란 구절들에서 사용된 'قَاتِلُوا(까-틸루)' 라는 어휘는, 주로 '싸우라, 전쟁하라, 죽이라' 등의 의미를 갖는데 명령형으로 사용되었다. 한국어나 영어 그리고 프랑스어와 같은 외국어로 번역된 꾸란들을 보면, 주로 '싸우라' 라는 의미로 번역되어있음을 보게 된다.

그러나 위에 언급된 꾸란 구절들에서 사용된 'قَاتِلُوا(까-틸루)' 라는 어휘를 '싸우라'라고 번역하더라도, 그것은 '살인'을 포함한 '싸우라'라는 의미로 해석될 수 있다. 실제로 아랍어권에서 사는 무슬림들에게 이 어휘의 의미를 물어보면, 그들은 '죽이라'라는 의미로 받아들인다고 한다.

2) 때리라(처라).

❀ 불신자들의 목을 치며(때리며) 그들의 손가락을 치라(때리라). (8:12) - 히즈
라 이후 계시

فَاضْرِبُوا فَوْقَ الْأَعْنَاقِ

❀ 불신자를 만났을 때 그들의 목을 때려라(처라). (47:4) - 히즈라 이후 계시

فَضَرْبَ الرِّقَابِ

☞ 위의 꾸란 구절들에서 '때리라(처라)'라는 표현의 의미를 아랍어권 현지
인에게 물어보면, 그들은 '죽이라'는 의미로 이해하는 것을 볼 수 있었다.

3) 성전하라.

❀ 불신자들과 위선자들에 맞서 싸우고(성전을 하라),

그들을 가혹하게 대하라. (9:73, 66:9) - 히즈라 이후 계시

9:73 يَا أَيُّهَا النَّبِيُّ جَاهِدِ الْكُفَّارَ وَالْمُنَافِقِينَ وَاغْلُظْ عَلَيْهِمْ
66:9 يَا أَيُّهَا النَّبِيُّ جَاهِدِ الْكُفَّارَ وَالْمُنَافِقِينَ وَاغْلُظْ عَلَيْهِمْ

❀ 믿는 자들이여, 알라를 경외하고 그분께 가는 길을 강구하며 그분을 위해
성전하라. 그리하면 너희가 번영하리라. (5:35) - 히즈라 이후 계시

يَا أَيُّهَا الَّذِينَ آمَنُوا اتَّقُوا اللَّهَ وَابْتَغُوا إِلَيْهِ الْوَسِيلَةَ
وَجَاهِدُوا فِي سَبِيلِهِ لَعَلَّكُمْ تُفْلِحُونَ

☞ 위의 '성전하라(جَاهِدْ)'는 말은 '죽이라'는 의미이다. 때문에 무슬림들은
테러와 같은 살상을 자행하고도 알라를 위한 '지하드(성전)'였다고 말한다.

4) 친구 삼지 말라.

✽ 무슬림이 먼저 무슬림이 아닌 자를 친구로 삼지 말라. 그렇게 하는 자(무슬림)는 알라에게서 온 자가 아니다. (3:28) - 히즈라 이후 계시

$$
لَا يَتَّخِذِ الْمُؤْمِنُونَ الْكَافِرِينَ أَوْلِيَاءَ مِنْ دُونِ الْمُؤْمِنِينَ
$$
$$
وَمَنْ يَفْعَلْ ذَلِكَ فَلَيْسَ مِنَ اللَّهِ
$$

5) 보복하라. (눈엔 눈으로, 생명엔 생명으로)

✽ 생명에는 생명으로, 눈에는 눈으로, 코에는 코로, 귀에는 귀로, 이에는 이로, 상해(상처)에는 그에 맞는 것(보복)을 하라. (5:45)

$$
وَكَتَبْنَا عَلَيْهِمْ فِيهَا أَنَّ النَّفْسَ بِالنَّفْسِ وَالْعَيْنَ بِالْعَيْنِ وَالْأَنْفَ بِالْأَنْفِ
$$
$$
وَالْأُذُنَ بِالْأُذُنِ وَالسِّنَّ بِالسِّنِّ وَالْجُرُوحَ قِصَاصٌ
$$

6) 알라께서 내리신 것으로 심판하라.

✽ 알라께서 내리신 것(모세오경)으로 심판하지 않은 사람, 바로 그들이 불신자들(الكفرُون)이다. (5:44)

✽ 알라께서 내리신 것(모세오경)으로 심판하지 않은 사람, 바로 그들이 죄를 범하는 자들(الظَّلِمُون)이다. (5:45)

✽ 알라께서 내리신 것(모세오경)으로 심판하지 않은 사람, 바로 그들이 위반하는 자들(الفسِقُون)이다. (5:47)

✽ 알라께서 내려주신 것(성경)으로 사람들 사이를 심판하라(احكُم). (5:48, 49)

☞ 이처럼 꾸란에서는 알라께서 내려주신 성경 특히 모세오경의 처벌과 심판 규정에 따라 심판하지 않는 사람을 불신자, 죄를 범하는 자, 알라의 가르침을 위반하는 자 등으로 규정해버린다.

따라서 알라의 가르침에 충실하고자 하는 무슬림이라면, 때로 폭력을 요구하는 가르침이라 할지라도 따라야 한다. 그래야 자신이 불신자, 범법자

취급을 받지 않게 된다.

7) 불신자들은 가장 사악한 동물이다.

❀ 알라의 눈에 가장 사악한 동물은 불신자이다. (8:55) - 히즈라 이후 계시

إِنَّ شَرَّ الدَّوَابِّ عِنْدَ اللَّهِ الَّذِينَ كَفَرُوا

☞ 위와 같이 꾸란의 여러 구절에서 불신자들이나 다신론자들 그리고 비무슬림들에 대해 때리고 싸우고 전쟁하며 살인하도록 가르치고 있다.

또한 아랍어권의 무슬림들은 '성전하라, 목을 치라, 싸우라' 등의 의미를 '죽이라'는 의미로 받아들인다. 그리고 대부분 히즈라 이후 계시에서는 비무슬림들에 대해 폭력을 행할 것을 말한다.

물론 꾸란에는 앞에서 살펴본 것과 같이 "종교에는 강요가 없다"나 "적이 평화를 원하면 너희도 평화를 추구하라"와 같은 평화할 것에 대한 구절도 있다.
또 살인과 싸움과 지하드의 대상인 비무슬림이 속죄의 재물을 내면, 그들을 죽이지 말고 풀어주라고 말하는 구절도 있다.

그러나 비무슬림이 이슬람을 받아들이지 않거나, 속죄의 재물 같은 것도 지불하지 않는다면 그는 죽여야 한다.
꾸란 전체적으로 볼 때, 꾸란 내에서 비무슬림들과 평화할 것을 말하는 구절들은 몇 구절 되지 않는 반면, 비무슬림들에 대해 싸우고 성전하고 때리고 죽이고 복수하라와 같은 살인과 폭력을 명령하는 구절들은 너무나도 많이 기록되어 있음을 볼 수 있다.

십자가를 제거하는 이슬람 전사

필자는 서두에서 다음과 같은 질문들을 했었다. 그리고 이제 이 질문들에 대한 답을 제시하고자 한다.

질문 1 같은 무슬림들 사이에서도 꾸란에서 명령한 것들을 이행하지 않는 무슬림이나, 순니와 쉬아와 같이 서로 종파가 다를 경우 서로를 향해 '카피르(불신자)'나 '무쉬르쿤(다신론자)' 등으로 규정함으로써, 서로를 향해 폭력을 행사해도 되는 '타크피르 문화'는 어디에서 기인한 것일까?

답변 1 이슬람의 '타크피르 문화'는 결국 꾸란에서 기인했다고할 수 있다.

질문 2 왜 무슬림들은 비무슬림이나, 같은 알라와 무함마드에 대한 신앙을 고백하며 무슬림이라고 고백하는 또 다른 이들을 향해 테러를 저지르며 그것을 알라를 위한 '성전(지하드=جهاد)'라고 말할까?

답변 2 이 질문에 대한 답 역시 꾸란에서 찾을 수 있다. 꾸란은 불신자나 다신론자 그리고 비무슬림들에게 살인과 같은 폭력을 행사하라고 말하면서 그렇게 하는 것이 알라를 위한 신성한 전쟁 즉 지하드라고 말하고 있다. 때문에 무슬림들이 테러를 할 때 "알라는 위대하다=알라후 아크바르"라고 외친다.

질문 3 이슬람은 평화의 종교인가 아니면 폭력의 종교인가?

답변 3 전체적으로 볼 때 꾸란이 비무슬림에 대해서는 평화보다는 폭력을, 같은 무슬림에게는 폭력보다는 평화를 더 강조하고 명령하고 있다고 이해할 수 있다. 따라서 이슬람은 무슬림에게는 '평화의 종교'일지 모르나, 비무슬림에게는 '폭력의 종교'라 할 수 있다. 또 무슬림들 사이에서도 서로 종파가 같은 사람들끼리는 평화의 종교일지 모르나, 서로 종파가 다른 사람들 사이에서는 폭력의 종교로 볼 수 있다.

질문 4 이슬람이 평화의 종교가 아닌 폭력의 종교라면, 도대체 이슬람은 무슨 신적 근거로 폭력을 행하는 걸까?

답변 4 이슬람 폭력의 신적 근거는 꾸란에서 찾을 수 있다. 꾸란에서 알라는 불신자들이나 다신론자들 그리고 비무슬림들에 대한 폭력을 명하고 있기 때문이다.

제5장

꾸란에서 말하는 원수에 대한
보복^(복수) 명령

꾸란에는 무슬림들이 소위 원수에 대한 복수(보복) 문제를 어떻게 해야 하는지에 대한 안내가 기록되어 있다. 본 장에서는 꾸란에서 말하는 원수에 대한 복수 문제에 대해 살펴본다.

1. 복수_(보복=قِصَاص)하라.

◎ 모든 무슬림들에겐 죽임(살인)과 관련된 정당한 복수(보복)의 규정이 명령되었다. (2:178, 179)

◎ 죽임 당한 사람이 자유인이면 역시 상대의 자유인을 죽이라(복수하라). (2:178)

◎ 죽임 당한 사람이 노예이면 역시 상대의 노예를 죽이라(복수하라). (2:178)

◎ 죽임 당한 사람이 여인이면 역시 상대의 여인을 죽이라(복수하라). (2:178)

◎ 모든 신성한 것들에는 보복의 율법이 있다. (2:194)

❀ 너희에 대하여 범죄하는 자에 대해서는 너희에게 범죄한 범위까지 그의 범
죄에 대해 그를 응징하라. (2:194)

❀ 너희들(무슬림 남성)의 아내들 중에서 불신자들에게 가버린 아내가 있다면
보복하라. (60:11)

2. 보복(복수)하라. 그러나 자선을 베풀어도 된다.

"생명에는 생명으로, 눈에는 눈으로, 코에는 코로, 귀에는 귀로,
이에는 이로, 상해(상처)에는 그에 맞는 보복을 하라. 그러나 자선
을 베푸는 자는 속죄를 받으리라. (5:45)"

وَكَتَبْنَا عَلَيْهِمْ فِيهَا أَنَّ النَّفْسَ بِالنَّفْسِ وَالْعَيْنَ بِالْعَيْنِ وَالْأَنْفَ بِالْأَنْفِ
وَالْأُذُنَ بِالْأُذُنِ وَالسِّنَّ بِالسِّنِّ وَالْجُرُوحَ قِصَاصٌ
فَمَنْ تَصَدَّقَ بِهِ فَهُوَ كَفَّارَةٌ لَهُ

3. 피해자측이 가해자에 대해 보복(복수)를 원치 않을 경우엔 가해
자측은 그에 맞는 값을 지불해야 한다.

"그러나 죽임 당한 사람의 형제가 보복(복수)을 원치 않을 경우,
그 핏값을 공정하게 아낌없이 지불하라. (2:178)"

☞ 위에서 살펴본 것과 같이 꾸란에서는 소위 원수에 대한 보복(복수) 규
정을 말한다. 꾸란에서 말하는 보복에는 지켜야 할 규정이 있는데, 피해자
측은 자기가 입은 피해 만큼만 보복해야지 그 이상 보복해서는 안 된다.
이것은 꾸란이 형평성 차원에서 피해를 입은 사람에게 보복을 명령하긴

하지만, 과도한 보복이 되지 않도록 막는 것이라 할 수 있다.

또 피해자측이 보복을 원치 않을 경우, 보복을 하지 않아도 된다는 규정도 두고 있다. 이는 이슬람 공동체 내에서 보복으로 인한 갈등과 그로 인한 공동체의 위기를 최소화하려는 조치로 이해된다.

하지만 피해자측이 가해자에 대한 보복을 원치 않는다 하여서 그 입은 피해가 없어지는 것은 아니다. 따라서 피해입은 것에 대한 보상을 물질로라도 하도록 한 것은 지은 죄에 대한 처벌은 반드시 치루어야 한다는 엄중함을 가르쳐주는 것으로 이해된다.

왜 꾸란이 이런 보복(복수) 규정을 두었는지 한편으로는 이해가 되면서도, 또 한편으로는 원수까지도 사랑하고 좋게 대해주면서 위해 기도해주라는 예수님의 말씀이 더욱 강하게 떠오르는 것은 왜일까….

제6장
꾸란에서 말하는 지하드^(성전)

오늘 날 세상에서 이슬람과 관련하여 가장 논란이 되고 주목을 받는 것이 있다면, 그것은 아마도 일반적으로 '성전'으로 이해되고 있는 '지하드'일 것이다.

도대체 이슬람에서 '지하드'란 무엇이기에, 이토록 세상의 주목을 받게 된 것일까?

특히 수많은 무슬림들이 그들의 신을 위한 성전이라는 말로 '지하드'를 하고 있다.

이 지하드란 것이 이슬람에서 얼마나 중요한 것인지, 이슬람 종파에 따라서는 모든 무슬림들에게 의무 사항인 이슬람의 다섯 기둥 즉 5행(신앙고백, 기도, 금식, 구제, 순례)에 준하는 의무 사항으로 받아들이고 있다.

무슬림들 중에서는 "지하드란 본래 무슬림으로서 이슬람 신앙을 지키기 위한 자기 자신과의 싸움 즉 자아와의 내적 싸움을 말하는 것이지, 테러와 같은 외부에 대한 폭력적인 공격을 말하는 것이 아니다"라고 말하는 이들도 있다.

반면에 또 한 편의 무슬림들은 "지하드는 알라와 이슬람을 위해 무슬림이 행하는 모든 내적·외적 싸움을 의미하는 것으로, 자기 자아와의 내적인 싸움이면서 동시에 폭력을 동반한 외부와의 싸움이기도 하다"라고 말한다.

누구의 말이 꾸란에서 말하는 '지하드'와 더 가까운 것일까?
그리고 무슬림들이 최고의 권위를 부여하는 꾸란에서는 이 '지하드'와 관련하여 어떻게 이야기하고 있을까?

본 장에서는 꾸란에서 말하는 '지하드'에 대해 알아본다.

1. 지하드의 사전적 의미

아랍어로 '지하드(جهاد)'란 '노력, 애를 씀, 전투, 싸움' 등의 의미를 갖는 것으로 이해할 수 있다.

2. 꾸란에서 말하는 지하드

1) 타인에 대한 지하드(성전) - 폭력적 지하드

(1) 지하드(성전)를 한 자는 알라의 자비를 갈구하는 자이다.

"믿는 자와 이주한 자와 알라의 길에서 성전한 자(جَهَدُوا), 이들은 알라의 자비를 갈구하는 자이며, 알라는 용서하시고 자비로우신 분이시다. (2:218)"

(2) 지하드(성전)를 하는 자(جَهَدُوا)와 인내하는 자가 낙원에 들어간다.

"너희는 너희가 낙원에 들어갈 것이라고 생각하느냐? 알라는 너희들 중에서 누가 성전하고 인내하는 자인지 알고 있다. (3:142)"

(3) 알라는 자신의 재산과 사람들을 가지고 지하드(성전)를 하는 사람을 더 좋아하시고 더 큰 보상을 하신다.

"알라는 부상당하지 않았으면서도 이슬람을 위한 전투에 참여하지 않고 집에 머물고 있는 믿는 자들(무슬림)보다, 알라의 길에서 자신의 재산과 사람들을 가지고 성전하는 무자히드(전사)를 더 좋아하시어서 그들(무자히드)에게 더 큰 보상을 하신다. (4:95)"

(4) 지하드(성전)를 하는 자는 번영한다.

"알라의 길에서 성전하라. 그리하면 너희가 번영하리라. (5:35)"

→ 번영을 원한다면 지하드를 하라고 말한다. 이 구절에서의 성전의 의미는 "알라와 그분의 메신저(무함마드)에게 대항하는 자에 맞서 싸우라(전쟁하라. 죽이라)"이다.

(5) 지하드(성전)를 하는 자는 알라로부터 온 자이다.

"너희들 중에 이슬람 신앙을 배반한 자가 있다면, 알라는 그 사람 대신에 알라를 사랑하고 또 알라께서 사랑하시며 무슬림에게 겸손하고 알라의 길에서 불신자들에겐 강하고 성전하는 자를 데려오시리라…. (5:54)"

(6) 지하드(성전)에 참여하는 자가 진실한 무슬림이다.

"알라의 길에서(알라를 위해) 믿음으로 자신의 재물과 사람들을 사용해 직접 성전에 참여하고, 또 성전을 하는 자들을 돕는 자(무슬림)가 진실한 신자(무슬림)이다. (8:72~~75)"

→ 이 구절에서는 진정한 무슬림이란 어떤 사람을 말하는지 설명하면서, 자신의 재물과 몸과 사람들을 동원해 직접 성전에 참여하고 또 성전에 참여한 자들을 돕는 사람으로 규정한다. 이 구절에서의 성전은 폭력과 살인이 동반된 전쟁 참여를 말한다.

(7) 지하드(성전)를 하는 자에겐 가장 높은 자리의 업적이 주어진다.

"알라와 최후의 날을 믿고 알라의 길에서 성전을 하는 자의 업적은, 순례자들에게 마실 것을 주고 모스크를 지키는 자의 업적과 다르다. 최후의 날을 믿고 알라의 길에서 성전을 하는 자의 업적은 알라의 눈에 가장 높은 자리의 업적을 받는다. (9:19, 20)"

→ 결국 이 꾸란 구절은 높은 자리와 같은 성공을 원하는 무슬림이라면, 지하드(성전)를 해야 한다고 말하는 구절이라 할 수 있다.

(8) 지하드(성전)는 알라와 그분의 메신저처럼 소중하다.

"지하드는 알라와 알라의 메신저(رسول)처럼 소중하다. (9:24)"

(9) 자기 재물과 몸으로 지하드(성전)를 하라.

"알라의 길에서 너희의 재물과 자신들(자기 몸)로 성전하라. (9:41)"

→ 이 구절에서의 성전은 폭력과 살인이 동반된 전쟁 참여를 말한다.

(10) 진실한 무슬림은 자기의 재물과 자기 몸으로 지하드(성전)를 하는 것을 제외시켜 달라고 요구하지 않는다.

"알라와 최후의 날을 믿는 자들(진실한 무슬림)은 자기의 재물과 자기 자신(몸)으로 성전하는 것을 제외시켜 달라고 요구하지 않으며, 알라는 의로운 자를 아신다. 반면 알라와 최후의 날을 믿지 않는 자들은 자기의 재물과 자기 자신(몸)으로 성전하는 것을 제외시켜 달라고 요구한다. (9:44, 45, 86~88) 그러나 알라의 메신저(무함마드)와 함께 자신들의 재물과 몸으로 성전에 참여하는 자들은 좋은 것을 가질 것이며 번영하는 자들이다. (9:88)"

→ 즉 이 구절은 자기의 재물과 자기 자신(몸)으로 성전(지하드)에 참여하지 않는 자들은 진실한 무슬림이 아님을 말하는 것이다.

(11) 진실한 무슬림은 자기의 재물과 몸으로 지하드(성전)를 한다.

"알라와 그분의 메신저(무함마드)를 믿고, 그런 후엔 의심하지 않고, 알라의 길에서 그들 자신의 재물과 몸으로 성전하는(جهدوا) 자들이 진실한 신자들이다. (49:15)"

→ 이 구절에서는 진실한 무슬림의 조건으로, 알라와 무함마드에 대한 분명한 믿음과 성전(지하드)을 말한다.
이 구절에서의 성전은 타인에 대한 폭력적인 공격을 포함한 성전의 의미를 갖는다. 그러면서 성전에 참여하지 않는 자는 진실한 무슬림이 아니라고 말하고 있다. 때문에 IS나 알까에다 같은 이슬람 근본주의 성향의 무슬림들은 타종교인에 대한 폭력적인 성향의 성전을 행하면서, 자신들이 진실한 무슬림임을 확인하고 자신들처럼 성전하지 않는 무슬림들을 진실하지 못한 자들이라고 비난한다.

(12) 불신자들과 위선자들에 맞서 지하드(성전)를 하라.

"불신자들과 위선자들에 맞서 싸우고(성전을 하라), 그들을 가혹하게 대하라. (9:73, 66:9)"

→ 폭력 사용을 권하는 성전의 의미이다.

(13) 자신의 재물과 몸으로 성전(지하드)에 참여하지 않는 자는 불지옥에 간다.

"알라의 길에서 그들 자신의 재물과 몸으로 성전하기(싸우기)를 싫어하여 알라의 메신저(무함마드) 뒤에 앉아 기뻐하는 자들이, '뜨거운 곳에 가지 말라'고 말했다. (그러나) '지옥의 불길은 더욱 뜨겁다'라고 말하라. (9:81)"

→ 이 구절의 의미는 자신의 재물과 몸으로 이슬람의 정복 전쟁 즉 성전(지하드)에 참여하지 않는 자는 불지옥에 갈 것임을 경고하는 구절이다.
따라서 무슬림이 불지옥에 가지 않으려면 지하드(성전)에 참여해야 하는 것이다.

(14) 알라께서는 지하드(성전)를 한 자와 함께하시고 용서와 자비를 베푸신다.

"박해를 받은 이후 이주하고, 그런 후 성전에 참여하여 싸우고(جَهَدُوا) 인내한 사람들에게, 너의 주께서 함께하고 그 후 용서와 자비를 베푸실 것이다. (16:110)"

→ 이 구절에서의 성전 역시 전쟁에 전사로서 참여하는 성전을 말한다.

(15) 알라 안에서 지하드(성전)를 하라. (22:78)

(16) 불신자(الْكَافِ)에게 복종하지 말고, 그것(꾸란)으로 그들(불신자)과 큰 지하드(성전=싸움)를 성전하라(싸우라). (25:52)

(17) 지하드(성전)를 하는 자는 적을 친구로 사귀거나 사랑을 베풀어서는 안된다.

"무슬림들은 무함마드와 무슬림들의 '적(무함마드와 무슬림들을 고향에서 내쫓은 자들과 진리를 불신하는 자들)' 모두를 친구로 사귀거나 그들에게 사랑을 베풀어서는 안 된다. … 무슬림들이 알라의 길에서 성전(지하드)하고 알라의 기쁨을 추구하려 한다면, 그들(적들)을 친구로 사귀거나 사랑을 베풀어서는 안 된다. (60:1)"

(18) 지하드(성전)를 하는 것은 고통스러운 징벌로부터 구제받을 수 있는 상
업(장사)이다.

"오 믿는 자들이여, 너희들이 고통스러운 징벌로부터 구제받을 수 있는 상
업(تجارة=장사)을 일러주리라. 알라와 그분의 메신저(무함마드)를 믿고, 너희
들의 재물과 몸으로 알라의 길에서 성전하는(تجاهدون) 것이다."

→ 이 구절에서는 성전(지하드)를 고통스러운 징벌로부터 구원함을 받을 수 있는
비결로 소개하고 있다.

2) 자기 자신에 대한 지하드(성전)-비폭력적 지하드

(1) 성전하는 사람은 자기 자신에게 하는 것이다. (29:6)

→ 이 구절에서의 성전(جاهد)의 의미는 외적인 살인과 같은 폭력을 동원한 싸움의
의미보다는, 자기 자아와의 내적인 싸움의 의미가 강하다.

(2) 알라는 지하드(성전)를 한 사람을 인도하신다.

"우리 안에서 성전하는(جاهدوا) 사람들을 우리는 틀림없이 우리의 길에서
그들을 인도할 것이다. 그리고 알라는 선행을 행하는 사람들과 함께하신다.
(29:69)"

→ 이 구절에서의 성전(جاهدوا)의 의미 역시 외적인 살인과 같은 폭력을 동원한 싸
움의 의미보다는, 자기 자아와의 내적인 싸움의 의미가 강하다.

☞ 결론적으로 꾸란에서 말하는 '지하드'는 거의 대부분이 살인행위와 같
은 폭력 사용을 포함하는 성전의 의미를 가지고 있음을 알 수 있다.

그러나 꾸란은 비록 소수이긴 하지만 자기 자아와의 내적인 싸움의 의미
로서의 성전 역시 말하고 있다.

결국 꾸란에서 말하는 지하드는, 알라와 이슬람 신앙으로부터 멀어지게 하려는 내외부적인 모든 도전들로부터 자기 자신과 무슬림 공동체의 이슬람 신앙을 지키고 보호하면서, 알라의 영광을 위한 모든 노력들을 말하는 것이라 할 수 있다.

곧 '지하드'는 자기 자아와의 내적인 싸움이면서 동시에 외부의 공격이나 도전들로부터의 알라의 영광과 이슬람과 무슬림들을 방어하기 위한 폭력 동원이 가능한 싸움이기도 하다.

따라서 우리는 폭력적인 의미로서의 지하드에 대해서 경계를 하면서 동시에 내적인 싸움으로서의 비폭력적 지하드의 의미 역시 생각하면서 무슬림들을 대할 필요가 있다.
그러나 꾸란은 외부에 대해 폭력을 사용하는 지하드(성전)를, 무슬림이 불지옥에 가지 않고 낙원에 갈 수 있는 비결이면서 동시에 번영하고 성공할 수 있는 비결로도 이야기하고 있다. 이것은 꾸란이 무슬림들에게 폭력적인 의미로서의 지하드(성전)를 조장하고 있다고도 볼 수 있다.

3. 꾸란에서 폭력행위를 포함한 지하드를 말하는 이유

그렇다면 무함마드는 왜 꾸란을 통해 무슬림들에게 살인과 전쟁과 같은 폭력행위를 포함한 의미로서의 지하드(성전)를 자주 말한 것일까?

무함마드 당시 이슬람 세력은 그 세력 확보와 확장을 위한 정복 전쟁을 계속하고 있었다. 그로 인해 전쟁에 참가할 전사들과 그 전쟁에 필요한 물자를 공급해줄 수 있는 사람들이 필요했다. 때문에 꾸란에서 무함마드는 여러 수라(장)에서 비이슬람 세력들과의 전쟁으로서의 지하드를 강조했다. 그래서 무함마드는 무슬림의 지하드(성전) 참여 여부를 가지고, 그가 참 무슬림인지 아닌지 또 그가 알라로부터 복을 받을 자인지 저주를 받을 자인지, 낙원에 갈 자인지 지옥에 갈 자인지 등의 판단 기준으로 말하곤했다.

따라서 꾸란에서 말하는 지하드의 의미에 따르면, 진실한 무슬림이라면 그것이 살인행위라 할지라도 이슬람의 확장과 보호를 위한 성전으로서의 지하드에 반드시 참여해야 한다.

IS나 알카에다와 같이, 비무슬림에 대하여 테러를 자행하는 폭력적인 이슬람 무장세력들이 출현하는 것은, 꾸란에 따르면 자연스럽고 당연한 것이라 할 수 있다.

2015년 2월 리비아에서 이슬람 순니파인 이슬람국가(IS)가 기독교인들 21명을 집단 참수하면서, 알라와 이슬람을 위한 지하드(성전)라고 했다.

제7장
꾸란에서 말하는
기독교와 기독교인

꾸란에는 이슬람 이전에 이미 존재하고 있었던 기독교와 기독교인들(نصارى=نصرى)에 대한 언급이 자주 등장한다. 꾸란에서 말하는 기독교와 기독교인들에 대한 언급들을 살펴보면, 크게 두 가지 즉 기독교와 기독교인들에 대해 호의적으로 이야기하는 구절들과 반대로 비판적으로 이야기하는 구절들로 나누어 살펴볼 수 있다.

본 장에서는 기독교와 기독교인들에 대한 꾸란 내 기록들을 두 가지 즉 호의적 기록들과 비판적 기록들로 나누어 살펴본다.

1. 기독교와 기독교인들에 대한 호의적 기록들

✿ 기독교인은 믿는 자들에 대한 사랑에 가장 가까이 있는 자들이다. 그것은

그들 가운데에 종들과 수도하는 자들이 있으며, 또한 그들이 자만하지 않기 때문이다. (5:82)

🏵 그리고 그들(기독교인들)이 메신저(무함마드)에게 계시되어진 것을 들을 때, 너희는(무슬림) 그들의 눈에서 그들이 깨달은 진리로 인해 눈물이 넘쳐 흐르는 것을 보리라. (5:83a)

🏵 그리하여 알라께서 그들(기독교인들)에게 보상하셨나니, 이를 일컬어 사람들이 밑으로 냇물이 흐르는 낙원이라 하니라. 그곳(낙원)에서 그들(기독교인)이 살지니, 그것이 선을 행하는 자에 대한 보답이니라. (5:85)

🏵 기독교인은 구원받아 낙원에서 살게 된다. (3:55 ; 5:85)

☞ 이와 같이 꾸란 5:85절과 3:55절에서는 기독교인들을 선을 행하는 사람들로 보면서, 알라께서 그들에게 낙원에서 살게 되는 보상을 해주셨다고 말한다. 기독교인들이 구원받을 것임을 말하고 있는 것이다.

2. 기독교와 기독교인들에 대한 비판적 기록들

1) 예수그리스도의 신성 부인

🏵 기독교인들은 마리아의 아들 '메시아(예수)'를 알라 곁의 주님으로 삼았다. … 오직 알라 외는 신이 없다. … (9:31)

🏵 기독교인들은 알라의 메신저(라술)인 마리아의 아들 메시아 예수를 신으로 섬김으로써, 알라가 정하신 그들의 종교의 한계(법도)를 벗어났다. (4:171)

🏵 마리아의 아들 메시아(예수)가 '알라'라고 말한 사람들(기독교인들)은 불신자들이다. (5:17)

🏵 그들(기독교인들)이 마리아의 아들 메시아(예수)가 알라라고 말할 때에, 전

능하신 분이 마리아의 아들 메시아와 그의 어머니를 멸망시키는 것은 작은 일이다. (5:17)

2) 예수님의 하나님 아들 되심 부인

❁ 유대교인들은 '우자이르(عُزَيْر)'를 알라의 아들이라 하고, 기독교인들은 '메시아(المَسِيح=예수)'를 알라의 아들이라고 한다. … 그들은 그들 이전의 불신자들의 말을 흉내내는 것이다. 알라께서 그들을 부숴버릴(죽일) 것이다. …. 오로지 알라 외에는 신은 없다. … (9:30, 31)

> → 꾸란 학자들 중에는 '우자이르(عُزَيْر)'를 구약성경 '에스라기'에 등장하는 '스라야'의 아들 '에스라'로 보기도 한다.

❁ 기독교는 '알라가 아들이 있다'는 잘못된 교리를 가지고 있다. (2:116 ; 23:91 ; 39:4)

❁ 알라께는 배우자가 없기 때문에 아들도 없다. (6:101)

❁ 알라께 아들이 있다고 하는 자들은 알라께 대하여 거짓말을 하는 것이다. (10:68, 69 ; 18:4, 5)

> → 꾸란은 예수님을 하나님의 아들로 믿는 기독교인들에 대해 거짓말하는 자들이라고 말하면서, 번영하지 못할 자들이라 말한다.

❁ 알라께 아들이 있다고 믿는 사람들(기독교인들) 때문에, 하늘은 거의 터져버릴 것이며, 땅은 산산조각 날 것이며, 산은 부서져버릴 것이다. (19:90, 91)

❁ 알라는 스스로 아들을 취하지 않으시기에, 사람은 누구든지 종(عَبْد=servant)으로 온다. (19:92, 93)

❁ 알라께서는 낳지도 않으셨고, 태어나지도 않으셨다. (112:1~3)

3) 예수님에 의한 대속 교리 부인

❁ 대신 속죄한다는 기독교의 대속의 교리는 잘못된 것이다. (6:164 ; 17:15 ; 35:18 ; 39:7 ; 53:38)

4) 기독교인들은 세 신을 섬긴다.

❀ 기독교의 삼위일체 교리는 용납될 수 없는 것이다. (5:74, 75)

❀ 셋이라고 말하지 말라. 그런 말을 그치라. 그것이 너희에게 좋을 것이다. (4:171)

❀ 마리아의 아들 예수는 사람들(기독교인들)에게 알라와 함께 메시아 예수 자
신과 그의 어머니 마리아를 신으로 섬기라고 말하지 않고, 오직 알라만을
섬기라고 말했다. (5:116, 117)

> → 위 꾸란 구절의 의미는 기독교인들이 예수님의 뜻과는 다르게 예수님을 알라 즉
> 신으로 섬기고 있다는 의미이다. 또한 기독교인들이 예수님과 함께 그의 어머니
> 인 마리아까지 신으로 섬기면서, 알라와 함께 예수와 마리아까지 총 세 신을 섬기
> 고 있다고 말한다.

3. 기독교와 기독교인들에 대한 그 외의 내용

❀ 같은 성경을 가진 유대교인들과 기독교인들은 서로 상대방이 아무것도 아니라
고 말한다. 즉 유대교인들은 '기독교인들이 아무것도 아니라'고 하고, 기독교인들
은 '유대교인들이 아무것도 아니라'고 말한다. 그러나 알라께서는 부활의 날(심판
의 날)에 이들 유대교인과 기독교인 사이를 판결하실 것이다. (2:113)

❀ 유대교인들과 기독교인들은 무함마드가 그들의 강령(ملة=종교, 신조)을 따
르기 전에는 무함마드를 반기지 않을 것이다. (2:120)

☞ 지금까지 살펴본 바와 같이 꾸란에는 기독교와 기독교인들에 대한 호
의적인 기록들과 비판적인 기록들 둘 다 존재한다.
기독교와 기독교인들에 대한 호의적인 기록들 중에서 특히 주목하게 되는
것은, 기독교인들이 구원을 받을 것이라고 기록하고 있다는 것이다.

그러나 사실 꾸란에서는 기독교와 기독교인들에 대한 호의적인 기록들보다는 비판적인 기록들이 훨씬 더 많이 있다.

특히 꾸란은 기독교인들이 갖고 있는 예수님에 대한 핵심적인 신앙 즉 하나님이시면서 동시에 하나님의 아들이시고 인간의 죄를 대신 지신 대속주요 구원주로서의 예수님을 믿는 믿음을 잘못된 것으로 단죄한다. 그리고 기독교인들은 다신론자(무쉬리쿤) 중 하나인 세 신을 섬기는 삼신론자들이며 알라에 대해 잘못된 거짓말을 하는 멸망받을 자들이라 말한다. 그리고 앞서 살펴본 바와 같이 꾸란은 다신론자들을 죽어야 할 자들로 이야기하고 있기도 하다.

튀니지의 수도 튀니스에 있는 영국성공회 교회

제8장
꾸란에서 말하는 성경

무슬림들에게 기독교의 성경을 읽느냐고 물으면, 거의 대부분의 무슬림들은 읽지 않는다고 말한다. 왜 읽지 않느냐고 물으면, 지금의 성경은 처음 알라께서 내려주신 성경으로부터 많이 벗어난, 즉 왜곡(변질)되었기 때문이라고 말한다.

무슬림들이 성경에 대해 이와 같이 말하는 이유는, 기독교의 성경은 왜곡(변질)되었다고 가르치는 이슬람의 '타흐리프(تَحْرِيف)'라는 교리 때문이다.

따라서 본 장에서는 꾸란은 성경에 대해 어떻게 이야기하고 있는지를, 기독교의 성경은 왜곡되었다는 이슬람 측의 '타흐리프(تَحْرِيف)' 교리와의 관계 속에서 알아보고자 한다. 정말 이슬람 측의 '타흐리프(تَحْرِيف)' 교리가 꾸란에 근거한 것인지, 만약 그렇지 않다면 왜 이슬람 측에서는 그런 교리를 만들어 주장하게 되었는지 알아볼 것이다.

1. 꾸란에서 말하는 성경

1) 꾸란은 성경이 알라로부터 온 것이라고 말한다. (2:53, 87~89 ; 3:3, 7 ; 5:46~48 ; 23:49 ; 32:23 ; 37:117 ; 40:53, 54)

  → 위의 꾸란 구절들은 결국 성경은 인간이 만들어 낸 것이 아닌, 알라로부터 온 신적 권위를 가지는 알라의 말씀을 기록한 책이라는 것을 말하는 것이다. 즉 성경은 '알라의 말씀(كلمات الله)'이라는 것이다.

2) 꾸란은 성경을 포함한 모든 알라의 말씀은 누구도 변경 또는 위조할 수 없다고 말한다. (6:34 ; 6:115 ; 10:64 ; 18:27)

  → 위의 꾸란 구절들에서처럼, 꾸란은 성경을 알라의 말씀으로 인정한다. 그리고 알라의 말씀은 그 누구도 변경하거나 위조할 수 없다고 분명히 말한다.
  따라서 이슬람 측에서 주장하는 것처럼 성경이 왜곡(변질)된 것이라면, 알라가 거짓말을 했다고 말하는 것이나 다름 없다.

3) 꾸란은 알라로부터 온 성경의 말씀과 내용은 사실이며 진리라고 말한다. (3:3 ; 5:48 ; 35:31)

4) 꾸란은 알라의 징표(성경)를 거부하는 자들에게는 준엄한 징벌이 있을 것이라고 말한다. (3:3, 4)

5) 알라를 경외하는 자들은 알라께서 내려주신 것들(성경 포함)을 믿는다. … 그러나 믿지 않는 자들은 큰 징벌(عذاب)을 받을 것이라고 꾸란은 말한다. (2:3~7)

6) 모든 무슬림은 알라께서 내려주신 성경을 믿어야 한다. 성경을 믿지 않는 자는 누구든지 먼 길로 방황하게 된다고 꾸란은 말한다. (4:136, 137)

  → 위의 꾸란 구절에서 '먼 길로 방황하게 된다'라는 표현은 '구원 받지 못한다'라는 의미이다. 따라서 무슬림은 반드시 성경을 읽고 믿어야 하는 것이다.

7) 꾸란은 알라가 성경을 주었으며, 그 성경을 믿지 않는 자들은 길을 잃은 자들이라고 말한다. (2:121)

8) 꾸란은 성경이 사람들에게 빛(광명)을 주고 인도를 받게 한다고 말한다. (6:91)

9) 꾸란은 알라께서 내려준 성경은 복으로 가득하고, 사람들로 하여금 그것(성경)을 잘 숙고하도록 하고, 생각(이성)을 가진 자들이 그것(성경)에 유의하도록 한다고 말한다. (38:29)

10) 꾸란은 성경이 알라께서 이스라엘 자손을 위한 지침으로 삼은 것이라고 말한다. (32:24)

☞ 위에서 살펴본 바와 같이 꾸란은 성경에 대해 단 한 번도 어디에서도 성경의 문자적 왜곡(변질)에 대해 이야기하지 않는다. 오히려 한결같이 철저히 어떤 왜곡도 없는 신적인 권위를 갖는 알라의 말씀으로, 모든 무슬림들이 믿어야 한다고까지 말한다.

그럼에도 불구하고 왜 이슬람 측에서는 성경의 문자적 왜곡(변질)론 즉 '타흐리프' 교리를 주장하여, 무슬림들로 하여금 성경을 읽지 못하게 하는 걸까?

2. 성경 왜곡론(타흐리프 교리)의 근거로 제시되는 꾸란 구절들

성경이 왜곡(변질)되었다고 주장하는 이슬람 측에서는 그 근거로 꾸란 4:46 ; 2:75 ; 3:78 ; 5:13, 41 등을 주장한다.

그러나 이들 꾸란 구절들의 아랍어 원문상의 의미는, 성경 자체의 문자적 왜곡(변질)을 말하는 것이 아니다. 이미 쓰여진 성경은 왜곡되지 않고 알라께서 주셨을 때의 상태 그대로 있는 데 반해, 문자로 기록되어진 성경의 본래 의미를 이미 알고 있던 유대인들이 그 본래의 의미를 왜곡하여 말하고 있다는 것을 지적하는 구절들이다. 즉 꾸란은 성경의 문자적 왜곡이 아닌, 무함마드를 지지하지 않는 유대교인들과 기독교인들에 의한 성경 말씀의 의미 즉 해석상의 왜곡을 말하는 것이다.

그런데 이슬람 학자들이나 꾸란 주석가들 그리고 이맘들이 성경에 대한 꾸란의 위와 같은 말씀들을 왜곡하여, 마치 성경 자체가 문자적으로 왜곡(변질)된 것인냥 주장하고 있는 것이다.

그리고 대부분의 무슬림들은 어린 시절부터 성경이 문자적으로 왜곡(변질)되었다는 그들의 '타흐리프' 교리를 배우며, 의심없이 성경은 문자적으로 왜곡(변질)된 것이라고 단정지어버린다. 그러니 성경은 읽을 필요가 없는 것이 되고 마는 것이다.

3. 꾸란이 성경의 문자적 왜곡이 아닌, 의미 해석상의 왜곡을 주장하는 이유

그렇다면 왜 무함마드는 꾸란에서 성경의 문자적 왜곡이 아닌, 의미 해석상의 왜곡을 말하는 걸까?

무함마드는 글을 이해하지 못한 문맹자였다. 그가 성경에 대해 알게 된 정보들은 전해들은 내용들이 전부였다. 그가 전해들은 성경의 내용들 중에서는 소위 기독교에서 '메시아에 대한 예언'이나, '보혜사 성령에 대한 예언'에 해당되는 성경 말씀들도 있었다.

예를 들면 신명기 18:18, 19의 말씀을 예로 들 수 있다. 무함마드는 "하나님께서는 이스라엘 동족 가운데서 모세와 같은 예언자 한 사람을 일으켜 세워, 하나님의 말씀을 그의 입에 담아줄 것이며, 그는 하나님께서 명한 모든 것을 그들에게 다 알려줄 것이다. 그가 하나님의 이름으로 말할 때에, 하나님의 말씀을 듣지 않는 사람은 하나님께서 벌을 주실 것이다"라는 신명기의 말씀을 전해들은 것이다.

또 요한복음 14:16의 말씀, "내가 아버지께 구하겠다. 그리하면 아버지께서 다른 보혜사를 너희에게 보내셔서, 영원히 너희와 함께 계시게 하실 것이다"라는 말씀도 들었다.

그리고 알라로부터 계시를 받고 이슬람의 지도자가 된 무함마드는, 훗날 신명기 18장의 메시아 도래에 대한 예언과 요한복음 14장의 보혜사 성령님의 도래에 대한 예언을 자기에 대한 예언들이라고 주장하게 되었다. 무함마드 자신이 바로 신명기와 요한복음 같은 신구약성경에서 오기로 약속된 예언자라는 것이다.

그런데 무함마드의 이런 주장을 들은 유대교인들이나 기독교인들은 무함마드의 말을 받아들이지 않았다.

왜냐하면 신명기 18장에서 모세가 예언한 예언자는 이스라엘 동족 가운데서 나올 것이라고 성경이 분명하게 밝히고 있기 때문이었다. 그런데 무함마드는 이스라엘 사람이 아닌 아랍인(꾸라이쉬 종족)이었기 때문에, 유대교인들이나 기독교인들의 입장에선 받아들일 수 없었던 것이다.

또 요한복음 14장의 보혜사 성령님에 대한 예수님의 예언이 무함마드 자신에 대한 예언이라고 주장한 것에 대해, 기독교인들은 도저히 무함마드의 주장을 받아들일 수 없었다. 요한복음 14장의 예수님의 예언은 분명히 성령님에 대한 예언이었기 때문이었다.

그 결과 무함마드는 유대교인들과 기독교인들로부터 계속해서 "무함마드는 성경에서 예언한 그 예언자가 아니다"라는 말을 듣게 되었는데, 그것은 무함마드의 이슬람의 지도자로서의 위상에 큰 타격을 주는 것이었다.

때문에 무함마드는 유대교인들과 기독교인들이 성경에 분명히 알라의 예언자로 무함마드 자신이 예언되어 있는 것을 알면서도, 그 성경의 말씀을 왜곡 해석하여 이야기한다고 주장하게 되었다.

4. 이슬람 측이 성경의 문자적 왜곡(타흐리프 교리)을 주장하는 이유

그렇다면 왜 이슬람 측에서는 성경의 문자적 왜곡 즉 '타흐리프 교리'를 주장하는 걸까? 간단히 말하자면, 무함마드의 이름을 성경 어디에서도 문자적으로 발견할 수 없기 때문이다. 성경에 분명히 자신의 이름이 예언되어 있다는 무함마드의 꾸란에서의 말씀에 따라 성경을 아무리 확인해봐도, 무함마드의 말과는 다르게 성경에서는 무함마드의 이름을 발견할 수 없다.

그러니 이슬람 측에서는 결국 성경의 문자적 왜곡(변질)론을 들고 나올 수밖에 없었던 것이다. 구약성경은 유대교인들에 의해 그리고 신약성경은 기독교인들의 의해 알라로부터 받았던 본래의 성경이 문자적으로 왜곡되었다고 주장하게 된 것이다.

튀니지의 수도 튀니스 옛 카르타고 제국 지역에 위치한 로마 시대의 교회터 '바실리크 다무스 엘카리타'와 그 뒤편에 위치한 모스크. 위의 교회터는 신약성경 27권의 정경화 작업이 이루어진 카르타고회의 장소로 추정되는 곳이다.

제9장

꾸란에서 말하는
성지순례

무슬림에게 있어 성지순례(ﷺ)는 일생에 최소 1회 이상은 반드시 해야 할 의무적인 것이다.

그래서인지 매년 성지순례 기간이 되면 더욱 순례지역이 있는 사우디아라비아 메카에 있는 카으바 신전은 순례객들로 가득하고 종종 사건 사고도 발생해 사상자들이 생기곤 한다. 그럼에도 불구하고 전 세계에서 수 많은 무슬림들이 앞다투어 순례 길에 나선다. 또한 이슬람을 국교로 삼고 있는 이슬람 국가들 중 여러 나라들에서, 자국민 무슬림들이 일생에 한 번이라도 메카 순례를 할 수 있도록 경제적인 지원을 하기도 한다.

무슬림들에게 있어 '성지순례(핫즈)'란 무엇일까? 이번 장에서는 꾸란에서 말하는 이슬람의 성지순례에 대해 알아본다.

1. 꾸란에서 말하는 순례

1) 카으바를 순례하는 것은 알라에 대한 인간의 의무이다. (3:97 ; 22:27)

2) 핫즈(حَج)와 우므라(عُمرَة)를 완수하라. (2:196)

→ '핫즈' 즉 대순례는 정해진 기간인 '둘 히자흐' 달에만 해야 하는 것인 반면, '우므라' 즉 소순례는 연중 아무 때고 할 수 있다. 현재 이슬람에서는 '핫즈'는 의무인 반면 '우므라'는 선택 사항이다.

3) 순례 동안엔 욕을 해서는 안 된다. (2:197)

4) 순례 동안엔 어떤 범죄도 저질러서는 안 된다. (2:197)

5) 순례 동안엔 어떤 싸움도 해서는 안 된다. (2:197)

6) 순례 동안엔 선을 행해야 한다. (2:197)

7) 순례 동안엔 필요한 율법에 복종해야 한다. (2:197)

8) 순례 동안엔 율법에 따라 정의를 행해야 한다. (2:197)

9) 순례 동안엔 알라만을 경외해야 한다. (2:197)

10) 순례 동안엔 주(알라)의 자비를 구해야 한다. (2:198)

11) 순례 코스 중 하나인 '아라파트(عَرَفَت)'에서 몰려나올 땐, '알 마쉬아르 알하람(المَشعَر الحَرام)'의 알라를 기억하면서 알라께 용서를 구하라. (2:198, 199)

→ '알마쉬아르 알하람(المَشعَر الحَرام)'은 사전적으로는 '신성한 기념물' 정도로 해석할 수 있으나, 여기서는 장소 이름 즉 메카와 아라파트 사이에 있는 조그마한 언덕 이름으로 이해한다.

12) 순례 동안의 정해진 예배 의식 때엔 알라를 찬양하라. (2:200)

13) 순례 기간 동안엔 지정된 수의 날짜 동안 알라를 기억해야
한다. 그러나 종료일 기준 2일 전에 카으바 순례를 마치고 떠
나는 것은 죄가 되지 않는다. 또한 순례 기간 종료 후에도
더 머무는 것 역시 죄가 되지 않는다. (2:203)

14) 순례 동안엔 동물을 사냥하여 죽여서는 안 된다. 의도적으
로 동물을 사냥하여 죽이는 자는 그에 대한 대가(응보)를 지
불해야 한다. 예를 들면 그가 죽인 것과 동일한 동물을 카으
바의 공물로 바치거나, 속죄의 의미로 많은 가난한 자들을
먹이거나 같은 수의 날 동안 단식(금식)해야 한다. (5:95)

15) 순례 기간 동안엔 땅에서 사는 것들 즉 육지 동물을 음식으
로 사용해서는 안 되고, 바다에 사는 것들을 음식으로 먹어
야 한다. (5:96)

16) 알라는 아브라함에게 순례할 곳(성스러운 집의 터전=카으바)을 알
려주신 후에, '인간에게 순례를 선포할 것'을 명하셨다. (22:26,
27)

17) 순례를 하려는 자는 걸어서, 또 야윈 낙타를 타고 순례지로
가야 한다. (22:27)

☞ 위와 같이 꾸란에서는 순례자가 순례 시 어떻게 해야 할지 구체적으로
순례 규정을 제시하고 있다. 그리고 지금까지도 무슬림들은 조금의 차이는
있지만, 꾸란의 이 규정을 바탕으로 순례를 행하고 있다.

2. 더 생각해보기

✿ 이슬람의 성지순례 규정이 생기는데 영향을 준 것은 무엇일까? 혹시 유대
인들이 예루살렘 성전을 순례하던 것과 관련 있는 것은 아닐까?

✿ 이슬람의 성지순례 의무 규정이 무슬림 공동체에 미치는 영향은 무엇일까?
성지순례가 이슬람내 공동체성과 무슬림으로서의 정체성 강화에 영향을
미치진 않을까? 마치 구약 시대 이스라엘 백성들이 절기를 지키기 위해 예
루살렘 성전을 순례할 때, 그것을 통해 민족적 공동체성과 신앙적 정체성을
재확인하고 강화하는 기회로 삼았던 것처럼.

이슬람 순례(핫즈) 기간 동안 성지 메카를 순례 중인 무슬림들

제10장
꾸란에서 말하는 카으바

사우디아라비아 메카에 위치한 카으바

구약시대 이스라엘 백성들에게 예루살렘 성전이라는 예배의 중심지가 있었듯이, 무슬림들에게는 '카으바(الكعبة)'라는 예배의 중심지가 있다.

전 세계의 모든 무슬림들은 하루 5회 그들이 위치한 곳에서 카으바를 향해 예배를 드린다. 때문에 카으바는 무슬림들에게 있어 늘 생각할 수밖에 없는 매우 중요한 곳이다.

이번 장에서는 카으바에 대해 알아보고자 한다.

먼저, 이슬람측에서 말하는 카으바에 대해 알아보고, 이어 꾸란에서 말하는 카으바에 대해 알아볼 것이다.

1. 이슬람 측에서 말하는 카으바

한국이슬람중앙회에서는 카으바에 대해 이렇게 설명한다.

"카으바는 무슬림들에게 가장 신성한 곳으로, 사우디아라비아 메카에 있다. 이 건물은 원래 아담에 의해 건립된 제단인데, 아브라함에 의해 재건되었다. 카으바는 경배를 위한 장소일 뿐 그 자체가 경배의 대상은 아니다. 모든 무슬림은 카으바 방향으로 예배를 드린다. 이로써 세계 어느 곳에 있든지 무슬림들의 예배 방향(قبلة)은 메카 한 곳으로 통일된다."

출처 www.koreaislam.org

2. 꾸란에서 말하는 카으바

이런 카으바 신전에 대해 꾸란에서는 어떻게 기술하고 있을까?

1) 한국이슬람중앙회를 비롯한 일부 이슬람 측에서는 꾸란 3:96의 구절을 인용해, 카으바는 처음 아담에 의해 세워졌고, 아브라함은 후에 제단을 재건했다고 주장한다.

→ 그러나 꾸란에서는 아담이 카으바를 처음 세웠다고 말하지는 않는다. 오히려 아브라함에 의해 세워졌다는 것에 대해서는 분명하게 말한다. (2:125~127)

2) 카으바가 아담에 의해 처음 세워졌다고 주장하는 이들의 주장에 따르면, 카으바는 아담 이후 얼마 동안 아담의 자손들이 알라를 경배하는 중심지였다.

→ 그 이후 아브라함은 아들 이스마엘과 함께 카으바 신전의 기석을 올려, 여러 개로 나뉘어진 예배의 장소를 다시 카으바 중심으로 재건했다. (2:127)

그리고 이스마엘을 통하여 그의 자손 대대로 예배의 중심지가 되었다. 그러나 시간이 흐름에 따라 카으바는 360개나 되는 우상들로 가득한 만신전이 되고 말았다.

3) 무함마드의 출현과 함께 모든 무슬림의 예배의 방향(قبلة)은 카으바가 있는 메카의 '하람 사원(مَسجِد الحَرام)'이 다시 유일신 알라를 섬기는 예배의 중심지가 되었다. (2:142~150)

→ 오늘날 '끼블라(قبلة)'라는 어휘의 사전적 의미는 '입맞춤, 키스' 정도로 이해되고 있다. 하지만 꾸란에서의 의미는 무슬림들의 예배의 방향을 의미하는 것으로 사용되고 있다.

4) 카아바는 알라께서 아브라함에게 예배의 장소로 명한 곳으로, 사람들의 휴식처이자 안전한 장소로 만들었다. (2:125) 따라서 카으바 안에서의 살인은 허락되지 않는다.

5) 알라는 아브라함과 이스마엘에게 카아바(알라의 집)를 순결하게 하라는 명을 내리셨다. (2:125 ; 22:26)

6) 아브라함과 이스마엘이 카으바의 기석을 올렸다. (2:127)

7) 카으바는 모든 인간을 위해 세워진 첫 번째 집이며 축복과 인도의 장소로서, 메카에 있다. (3:96)

8) 카으바는 아브라함의 장소이며, 카으바에 들어오는 사람은 누구든지 안전할 것이다. (3:97)

9) 카으바를 순례하는 것은 알라에 대한 인간의 의무이다. (3:97)

10) 카으바는 성스러운 예배당이라고 불린다. (17:1)

☞ 이처럼 꾸란에서 말하는 카으바는 유일신 알라만을 경배하는 거룩한 예배의 중심지이자, 알라의 축복과 인도를 받을 수 있는 평화와 안전의 장소이기도 하다.
따라서 무슬림들은 이 카으바 순례를 단순히 의무적인 차원에서 하는 것이 아니고, 축복을 받고자 하는 자발적 사모함으로 한다.

3. 더 생각해보기

✿ 카으바는 언제부터 있었을까? 무함마드 시기에? 아니면 그 이전부터?

✿ 무함마드는 왜 카으바를 무슬림 예배의 중심지로 만들었을까?

✿ 카으바를 중심으로 한 예배가 이슬람 공동체에 미치는 영향은 무엇일까?

✿ 왜 이슬람 측은 카으바의 기원을 아브라함을 넘어 아담에게로까지 연결시키는가?

✿ 왜 이슬람 측은 카으바의 재건을 말하면서 아브라함과 이스마엘에게 연결시키는가?

✿ 카으바 내부엔 무엇이 있을까?

✿ 카으바의 검은 돌의 정체는 무엇일까?

제11장

꾸란에서 말하는
금식월과 기도

مواقيت الإمساك والإفطار لمدينة الجزائر والمدن المرتبطة بها زيادة ونقصانا لعام 1438هـ الموافق 2017 م

الأيام	رمضان	ماي/جوان	إمساك	إفطار		الأيام	رمضان	جوان	إمساك	إفطار
السبت	01	2017/05/27	03:36	20:01		الأحد	16	2017/06/11	03:28	20:10
الأحد	02	2017/05/28	03:35	20:02		الإثنين	17	2017/06/12	03:28	20:11
الإثنين	03	2017/05/29	03:34	20:03		الثلاثاء	18	2017/06/13	03:27	20:11
الثلاثاء	04	2017/05/30	03:34	20:03		الأربعاء	19	2017/06/14	03:27	20:11
الأربعاء	05	2017/05/31	03:33	20:04		الخميس	20	2017/06/15	03:27	20:12
الخميس	06	2017/06/01	03:33	20:05		الجمعة	21	2017/06/16	03:27	20:12
الجمعة	07	2017/06/02	03:32	20:05		السبت	22	2017/06/17	03:27	20:12
السبت	08	2017/06/03	03:31	20:06		الأحد	23	2017/06/18	03:27	20:13
الأحد	09	2017/06/04	03:30	20:07		الإثنين	24	2017/06/19	03:27	20:13
الإثنين	10	2017/06/05	03:30	20:07		الثلاثاء	25	2017/06/20	03:28	20:13
الثلاثاء	11	2017/06/06	03:29	20:08		الأربعاء	26	2017/06/21	03:28	20:14
الأربعاء	12	2017/06/07	03:29	20:08		الخميس	27	2017/06/22	03:28	20:14
الخميس	13	2017/06/08	03:29	20:09		الجمعة	28	2017/06/23	03:29	20:14
الجمعة	14	2017/06/09	03:28	20:09		السبت	29	2017/06/24	03:29	20:14
السبت	15	2017/06/10	03:28	20:10		الأحد	30	2017/06/25	03:29	20:14

تنبيه :تكون بداية رمضان المعظم حسب رؤية الهلال لذا وضعنا الاحتمالين: (السبت أو الأحد)

الإمساك :10 دقائق قبل الفجر

موقع ديزاد مودرن

www.dz-modern.com

2017년 라마단(금식월) 금식 시간 안내표(알제리 기준)

무슬림들에게는 반드시 의무적으로 실천해야 할 다섯 가지 실천
항목들이 있다.

"알라는 가장 위대하시며 알라 외엔 다른 신은 없다. 무함마드는 알라의 메신저(رسول)이다"라는 '신앙고백'과 하루 5회의 '기도', 라마단(금식월) 기간의 '금식', 그리고 '구제'와 사우디 아라비아에 있는 성지 메카의 카으바 '순례'이다. 물론 이슬람 종파에 따라서는 위의 것들에 '지하드(성전)'를 추가하는 경우도 있다.

필자는 위의 이슬람의 의무적인 실천항목들 중 순례와 지하드(성전)의 경우 앞서 살펴보았다.

그리고 이번 장에서는 꾸란에서 말하는 이슬람의 라마단과 금식 그리고 기도와 이슬람의 정결의식(우두)에 대해 알아본다.

1. 꾸란에서 말하는 라마단(금식월)과 금식

그렇다면, 꾸란에서는 라마단(금식월)과 금식에 대해 어떻게 기술하고 있을까?
꾸란에서 말하는 라마단(금식월)과 금식에 대해서는 꾸란 2:183~187을 통해 알 수 있다.

1) 라마단의 금식은 모든 무슬림에게 내려진 알라의 명령이다.
2) 라마단의 금식은 정해진 기간(라마단) 동안 행해야 한다.

3) 단 라마단 기간 중에 아프거나 여행 중인 사람은, 라마단 이외의 다른 기간을 이용해 동일한 기간 동안 금식할 수도 있다.

4) 또한 금식하기엔 너무 무리인 즉 어려운 사람은 하지 않아도 죄가 되지 않는다.

5) 알라께서 라마단 금식을 명한 것은, 무슬림들에게 어떤 어려움을 주어 곤란하게 하려는 것이 아니다. 오히려 편의를 주어 금식 기간을 완료하면서 무슬림 자신들을 알라께로 인도해주신 데 대해 알라께 감사할 수 있게 하기 위함이다.

6) 라마단 기간 동안 이슬람 사원에서 예배를 드리는 동안엔 성관계를 갖지 말아야 한다. 그러나 라마단 기간 중이라도 금식이 끝나고 식사를 할 수 있는 밤중엔, 자신의 처와 성관계를 해도 된다.

7) 라마단 금식은 실의 색깔(검정→흰색)을 분명하게 구분할 수 있는 새벽부터 다시 해가 질 때까지 한다. 그리고 그 이외의 저녁과 밤 시간엔 마음껏 먹고 마실 수 있다.

→ 위의 꾸란 구절에서 '실의 색깔을 분명하게 구분할 수 있는 새벽'이란, 어두어서 실의 색깔을 구분할 수 없었던 밤이 지나고 해가 밝아오기 시작한 그래서 실의 색깔이 무슨 색인지 구분이 되는 바로 그 시각을 말한다.

☞ 위에서 살펴본 바와 같이 꾸란에서는 라마단 기간 동안의 금식을 무슬림이 지켜야 할 의무적인 것으로 규정하고 있다. 그러나 정해진 라마단 기간에 금식을 할 수 없는 상황에 있는 사람들을 위한 예외의 경우 역시 규정함으로써 융통성을 보여주고 있다.

오늘날 이슬람 세계에서 살면서 라마단의 금식 모습을 보면, 많이 형식

화되고, 마지 못해 금식에 참여하는 이들도 있음을 보게 된다. 또 금식 후 과도한 음식 섭취로 인해 건강에 문제가 생겨 어려움을 겪는 경우도 있고, 금식해야 할 낮 시간 동안 직장에서 제대로 일을 못하는 무슬림들도 많이 볼 수 있었다.

그럼에도 불구하고 무슬림들에게 이 라마단의 금식이 주는 유익 또한 큰 것을 보게 된다.
예를 들면, 해가 떠 있는 낮 시간 동안의 물을 포함한 모든 음료나 음식의 섭취를 하지 않으면서, 굶주린 자들의 아픔을 헤아리게 되고, 이슬람 공동체 내의 형제애를 키우는 기회로 삼는 것을 볼 수 있었다.

또한 금식이 끝난 후 맞이하는 푸짐한 음식들을 통해 알라의 은혜에 감사하면서, 무슬림으로서의 자기 정체성을 더욱 확고히 하는 기회로 삼는 것도 볼 수 있다.

라마단 금식 종료 후 먹는 달콤한 전통과자

2. 꾸란에서 말하는 기도와 정결의식(우두)

꾸란에서는 반복적으로 무슬림들에게 기도할 것을 명령한다. 때문에 모든 무슬림은 의무적으로 하루 5회 이상 기도해야 한다.
기독교인들에게 기도에 대해 물어보면, 기도는 한마디로 하나님

라마단에 튀니지 까이루완 우크바 모스크에서
기도하는 무슬림들

과의 대화라고 말한다. 그리고 기도에는 특별히 형식적으로 규정화된 방식은 없으며, 자유롭게 그러나 진심으로 하면 된다고 말한다.

그렇다면 무슬림들에게 있어서 기도란 무엇일까?
또 기도하는 방식은 어떠할까?

이번엔 꾸란에서 말하는 기도에 대해 알아본다.

1) 꾸란에서 말하는 기도

☸ 기도를 준수하라. (2:43 ; 22:78 ; 24:56 ; 58:13 외 다수)

☸ 부복하고 기도하라. (2:43 ; 22:77)

☸ 믿음이 없는 불신자들의 기도는 헛되다. (40:51)

→이와 같이 꾸란은 여러 수라(장)와 아야(절)에서 기도 준수를 명한다. 기도할 때는 믿음을 가지고 기도하라고 말하면서, 기도할 때의 올바른 마음가짐의 중요성을 말하고 있다. 또한 부복하고 기도하라고 하면서, 기도할 때의 외적인 기도자세와 형식의 중요성도 말하고 있다.

2) 기도문(아단/아잔=أَذَان)

그렇다면 무슬림들이 매일 5회 하는 공식적인 기도문의 내용은 무엇일까? 보통 '아단' 또는 '아잔'이라고 하는 기도문의 내용을 알아본다.

'아단(아잔=أذان)' 기도문의 내용은 기도 시간이 되었음을 알리는 역할을 하는 '무아딘(무아진=مؤذن)'이 모스크에서 하루 5회 기도 시간에 맞추어 아랍어로 외치는 소리이다. 전 세계 어디에서나 어떤 언어권에서든지, 이 아단(아잔)의 기도문만은 아랍어로 외친다.

아단(아잔)의 내용은 이슬람 종파에 따라 차이가 있기도 한데, 순니파와 쉬아파의 내용이 서로 다른 부분들이 있다. 순니파의 아단(아잔) 내용엔 없는 '알리'에 대한 것들이, 쉬아파의 아단(아잔) 내용엔 추가되어 있다.

(1) 순니파의 아단(아잔) 내용

الله أكبر	알라는 가장 위대하시다. (2회) ==> **알라후 아크바르**
أشهد أن لا اله الا الله	나는 알라 외에는 신이 아니라고 증언합니다. (2회) ==> **아쉬하두 안나 라 일라 일랄라**
أشهد أن محمدا رسول الله	나는 무함마드가 알라의 메신저라고 증언합니다. (2회) ==> **아쉬하두 안나 무함마단 라술 알라**
حي على الصلاة	기도드립시다. (2회) ==> **하이야 알랏쌀라**
حي على الفلاح	번영(성공)합시다. (2회) ==> **하이야 알알팔라-흐**
새벽에 추가되는 구절 (الصلاة خير من النوم)	기도는 잠보다 더 좋으니라. (2회) ==> **앗쌀라투 카이루 미난 나움**
الله أكبر	알라는 가장 위대하시다. (2회) ==> **알라후 아크바르**
لا اله الا الله	알라 외에는 신이 아니다. (1회) ==> **라 일라 일랄라**

(2) 쉬아파의 아단(아잔) 내용

الله أكبر	알라는 가장 위대하시다. (2회) ==〉 **알라후 아크바르**
أشهد أن لا اله إلا الله	나는 알라 외에는 신이 아니라고 증언합니다. (2회) ==〉 **아쉬하두 안나 라 일라 일랄라**
أشهد أن محمدا رسول الله	나는 무함마드가 알라의 메신저라고 증언합니다. (2회) ==〉 **아쉬하두 안나 무함마단 라술 알라**
اشهد ان عليا ولي الله	나는 알리가 신의 대리자라고 증언합니다. (2회) → *아쉬하두 안나 알리얀 왈리 알라*
اشهد ان عليا حُجّة الله	나는 알리가 신의 증인이라고 증언합니다. (2회) ==〉 **아쉬하두 안나 알리얀 훗자툴라**
حي على الصلاة	기도드립시다. (2회) ==〉 **하이야 알랏쌀라**
حي على الفلاح	번영(성공)합시다. (2회) ==〉 **하이야 알알팔라-흐**
새벽에 추가되는 구절 (الصلاة خير من النوم)	기도는 잠보다 더 좋으니라. (2회) ==〉 **앗쌀라투 카이루 미난 나움**
حي على خير العمل	좋은 일을 합시다. (2회) → *하이야 알라 카이르 알아말*
الله أكبر	알라는 가장 위대하시다. (2회) ==〉 **알라후 아크바르**
لا إله إلا الله	알라 외에는 신이 아니다. (1회) ==〉 **라 일라 일랄라**

알제리인 무얻딘 '아브달 와합 벤 유숲'이 미국의 한 교회에 초청받아 예배당에서 이슬람의 기도문인 아단(아잔)을 하고 있다.

3) 기도 횟수

☼ 하루에 5회

☼ 새벽기도(파즈르), 낮기도(두흐르/주흐르),

　오후기도(아스르), 저녁기도(마그립), 밤기도(이샤)

4) 꾸란에서 말하는 기도 전 정결의식(우두=وُضُوء)

이슬람의 기도에는 기독교의 기도와는 달리, 기도하기 전에 반드시 먼저 해야 하는 '우두(وُضُوء)'라고 하는 정결의식이 있다. 무슬림은 이 정결의식을 한 이후에 기도를 할 수 있다. 기도 전 해야 하는 정결의식에 대해 꾸란 5:6에서 언급하고 있는 내용을 살펴보자.

(1) 일반적인 상황에서의 정결의식(우두)

❁ 일반적인 상황에서의 정결의식은 물을 사용한다.

❁ 정결의식(우두) 순서

얼굴 씻음 ➔ 손 씻기(팔꿈치까지) ➔ 젖은 손으로 머리 매만지기 ➔ 발 씻기(발목까지)

(2) 더러울 때 : 목욕을 한 후 기도하라.

(3) 물을 구할 수 없는 특수 상황에서의 정결의식

❁ 병중인데 씻을 물을 구할 수 없는 경우

❁ 더러운 상태로 여행 중인데 씻을 물을 구할 수 없는 경우

❁ 화장실을 다녀왔는데 씻을 물을 구할 수 없는 경우

❁ 연인과 접촉했는데 씻을 물을 구할 수 없는 경우

☞ 깨끗한 모래로 얼굴과 손을 닦은 후 기도한다.

제12장
꾸란에서 말하는 구제

무슬림들에게 있어서 구제 즉 자카트(الزكاة=الزكوة)는 반드시 실천해야 하는 의무적인 5행 중 하나이다. 이것은 한마디로 이슬람 구빈세(세금)라고 할 수 있다. 이슬람 공동체 내의 경제적으로 어려운 자들을 공동체 내에서 도움으로써, 원만한 공동체 유지를 꾀했던 조치로 시작된 것이라 할 수 있다.

한국이슬람중앙회 홈페이지 자료에 따르면, 무슬림들은 보통 연 순수입의 2.5%를 희사하는데, 이것을 통해 자신이 가지고 있는 재산이 정화된다고 믿는다고 한다. (출처: www.koreaislam.org)

그렇다면 꾸란에서는 자카트(구제)에 대해 어떻게 이야기할까? 이번 장에서는 꾸란에서 말하는 자카트에 대해 알아본다.

꾸란에서 말하는 자카트(구제)

❁ 자카트는 알라로부터 주어진 명령이다. (2:43, 78, 110 ; 9:59 ; 24:56 ; 58:13 ; 73:20)

❁ 자카트는 가난한 자, 필요한 자와 그에 관련하여 고용된 자, 마음이 화합되어야 하는 자, 빚진 자, 나그네를 위한 것이다. (9:59)

❁ 자카트는 노예를 풀어주는 데 사용되어야 한다. (9:59)

❁ 자카트는 알라의 뜻을 이루는 데 사용되어야 한다. (9:59)

☞ 위와 같이 꾸란에서는 자카트를 알라의 명령에 따라 무슬림들이 의무적으로 실천해야 할 것이라고 말하면서, 자카트의 기원을 신에게서 찾는다. 또한 자카트를 어디에 사용해야 할지 그 사용 용도를 분명히 밝힘으로써, 잘못 사용되지 않도록 지침을 내리고 있다.

제13장
꾸란에서 말하는 죄

죄 문제는 구원을 갈망하는 인간의 근원적인 문제들 중 하나라고 할 수 있다. 인간은 이 죄 문제를 해결하기 위해 무엇이 죄인지, 왜 인간은 죄를 짓는지, 그리고 죄에 대한 해법은 무엇인지와 같은 질문들을 던지며, 나름의 해법을 찾기도 한다.

꾸란 역시 무엇이 죄인지, 죄의 결과는 무엇인지, 어떻게 죄 문제를 해결할 수 있는지 등과 같은 죄에 대해 이야기한다.

따라서 이번 장에서는 꾸란에서 말하는 죄의 이모저모에 대해 알아본다.

1. 꾸란은 무엇을 죄라고 하는가?

1) 알라와 관련된 죄

(1) 알라의 명령을 어기는 것이 죄이다. (2:83~85)

→ 즉 "오직 알라만을 경배하라. 부모와 혈족, 고아들과 가난한 자들에게 친절을 베풀고 사람들에게 공손히(좋게) 말하라. 기도를 하고 자카트를 하라. 공동체 안에서 서로 피를 흘리지 말고(살해하지 말고), 자기 집에 있는 자기 사람들을 추방하지 말라. 포로로 잡혀온 자를 억압 착취하지 말라"라는 알라의 명령을 어기고, 적대하며 자신의 형제를 죽이고 자기 사람들을 자기 집에서 추방하고 포로로 잡혀온 자를 학대 착취하는 것은 죄이다.

(2) 그 무엇이든 알라와 연관시키는 즉 알라와 함께 하도록 하는 것, 다시 말하면 알라의 자리에 어떤 것을 올려놓는 것은 용서받을 수 없는 분명하고도 엄청난 죄이다. (4:48, 116 ; 17:22, 39)

→ 이것은 우상숭배의 죄와 신성모독의 죄를 말한다.

(3) 알라에 대하여 어떤 거짓을 꾸며대는 것은 분명한 죄이다. (4:50 ; 39:60)

(4) 알라에 대해 거짓을 꾸미고, 알지도 못하면서 사람들을 죄악으로 끌어가는 것은 죄이다. (6:144)

(5) 알라로부터 온 권위 없이 인간이 알라처럼 행동하는 것이나, 알라에 대해 아는 것이 없이 알라를 이야기하는 것은 죄이다. (7:33)

(6) 오만하게 알라의 징표를 거짓으로 여기고 그에 대해 무관심한 것은 죄이다. (7:133~136)

(7) 알라의 징표를 거부하고 알라에게 자만하여 돌아서는 것은 죄이다. (7:40)

(8) 알라께 대하여 거짓을 꾸미고 그분의 징표를 거짓으로 여기는 것은 죄이다. (10:17)

(9) 알라의 분명한 징표가 사람들에게 전하여졌을 때, 알라와의 만남을 찾지 않는 것은 죄이다. (10:15)

(10) "알라를 자기에게 보여달라"고 하는 것은 죄를 범하는 것이다. (4:153)

(11) 알라께서 내리신 것(계시)에 의해 심판하지 않는 것은 죄이다. (5:45, 47, 49)

(12) 알라께서 금지하신 것 즉 종교적인 문제로 무슬림들과 싸우는(죽이는) 자,

무슬림들을 고향에서 쫓아낸 자 그리고 무슬림들을 추방하는 데 도움을 준 자들과 무슬림들이 우정을 맺는 것은 죄이다. (60:9)

2) 알라의 메신저(무함마드)와 관련된 죄

(1) 알라의 메신저(무함마드)를 괴롭히는 것은 참혹한 징벌을 받을 죄이다. (9:60)

(2) 알라의 메신저(무함마드)를 거역하는 것은 지옥의 불길 속으로 들어갈 죄이다. (9:61)

(3) 알라와 그분의 징표와 그분의 메신저(무함마드)를 조롱하는 것은 죄이다. (9:64)

(4) 분명한 징표를 가지고 사람들에게 온 메신저(무함마드)를 믿지 않는 것은 죄이다. (10:13)

(5) 알라로부터 온 경고자를 거짓말장이로 취급하는 것은 죄이다. (67:9~11)

3) 음식 관련 죄

(1) 이미 죽어있던 육고기, 피, 돼지고기 그리고 알라의 이름으로 도살되지 않은 고기를 먹는 것은 죄이다. (2:173)

→ 그러나 모르고 먹었든지, 부득이한 위급한 상황에서 먹었을 경우엔 죄가 되지 않는다.

(2) 술(خمر = wine)과 도박은 큰 죄다. (2:219)

(3) 알라께서 금하신 것을 먹는 것은 죄이다. (5:3)

4) 무슬림 공동체와 관련된 죄

❀ 무슬림 공동체 안에서 부당한 방법으로 다른 무슬림의 재물을 강탈 또는 포탈하거나, 살인하는 것은 지옥불 속에 던져질 죄이다. (4:29, 30)

5) 유언장 관련 죄

(1) 죽은 자가 남긴 유언장의 내용을 알면서도, 그 내용을 고의로 변경하는 것은 죄이다. (2:181, 182)

→ 그러나 고인이 남긴 본래의 유언장의 내용이 불공평하거나 잘못된 것이 있어, 유언 관계자들 사이의 불화를 일으킬 수 있다고 판단하여, 화평을 이루기 위해 유언의 내용을 변경하는 것은 죄가 되지 않는다.

(2) 유언할 때 그 유언의 내용을 들은 증인이 거짓을 증언하지 않겠노라고 알라 앞에서 맹세했으면서도, 어떤 대가를 바라고 그 유언의 내용을 거짓으로 말하는 것은, 알라께서 명한 계명을 감추어버리는 죄이다. (5:106)

6) 성(sex) 관련 죄

(1) 여성의 음란행위(간음)는 죄이다. (4:15, 19, 25)
(2) 동성연애(남색)는 미운 짓이며, 모든 계율을 어기는 죄이다. (7:80, 81 ; 26:165, 166 ; 27:54, 55 ; 29:28, 29)

7) 말과 행실 관련 죄

(1) 정숙한 여인을 비방하면서 네 명의 증인을 세우지 못하는 것은 죄이다. (24:4, 5)
→ 그러나 그 이후 회개하면 그것은 죄가 아니다.

(2) 거만(자만)한 것은 죄다. (2:206)
(3) 불의를 행하고 거짓을 말하는 것은 죄이다. (40:28)
(4) 진리를 거부하는 것, 여기저기 중상이나 비방과 같은 험담을 하고 다니는 것, 선한 일을 방해하고 불의한 짓을 행하는 것, 행실이 나쁜 것은 죄이다. (68:8~13)

8) 고아의 재산 관련 죄

🌸 고아들에게 재물을 주지 않고, 좋은 것을 나쁜 것으로 바꾸어버리고, 고아들의 재산에 자기의 것을 섞어 훔치는 것은 큰 죄(حوبا)이다. (4:2)

9) 그 외의 죄

🌸 무슬림을 모스크에 가지 못하게 방해하거나, 모스크로부터 멀어지게 하는 것은 죄이다. (5:2 ; 2:217)

🌸 가난을 두려워하여 자기 자녀를 죽이는 것은 '큰 죄(خطأ كبير)'이다. (17:31)

위와 같이 꾸란에서는 알라와 관련된 죄만이 아니라, 인간 사이에서 발생할 수 있는 여러 죄들에 대해서도 이야기하고 있다.

2. 인간은 왜 죄를 짓는가?

이 질문에 대해 꾸란은, 인간이 본래 약하게 창조되었기 때문에 악에 빠지기 쉽다고 말한다(4:28 ; 12:53).

그래서 인간은 알라의 자비가 필요하다는 것이다(12:53).

→ 이슬람 측에서는 '피트라'라는 인간관을 가지고 있다. 이것은 인간은 죄 짓기 쉬운 약한 존재로 창조되었으나, 출생 시엔 무죄한 상태로 출생한다는 것이다. 따라서 죄가 유전된다는 소위 기독교의 원죄 개념을 거부한다.

3. 죄의 결과는 무엇인가?

꾸란 4:111, 112에서는 "자기가 범한 잘못이나 죄를 무고한 자에게 돌리는 자는 반드시 굴욕과 분명한 그 죄의 대가를 받게 된다."

라고 말한다.

그렇다. 꾸란에서는 죄에 대해서는 반드시 그 대가가 있을 것이라고 말한다. 그리고 아래의 꾸란 구절들에서 말하고 있는 것처럼, 그 죄의 대가 즉 죄의 결과는 '불지옥'에서 참혹한 징벌을 받는 것이다.

1) 악을 행하고 죄악에 둘러싸인 자들이 머물며 살 곳은 '불길' 속이다. (2:81)
2) 무슬림 공동체 안에서 부당한 방법으로 다른 무슬림의 재물을 강탈 또는 포탈하거나, 살인하는 것은 '지옥불' 속에 던져질 죄이다. (4:29, 30)
3) 죄를 범하는 자들에게 주어지는 보답은, '지옥의 불길'이다. (5:29)
4) 알라의 징표를 거부하고 알라에게 자만하여 돌아서는 것은 죄이다. 그러한 자들은 하늘(낙원)에 들지 못한다. (7:40)
5) 알라의 사도(무함마드)를 괴롭히는 죄를 짓는 사람은 '참혹한 징벌'을 받을 것이다. (9:60)
6) 알라의 사도(무함마드)를 거역하는 죄를 짓는 사람은 '지옥의 불길' 속으로 들어갈 것이다. (9:61)

4. 어떻게 죄 문제를 해결할 수 있는가?

1) 누가 죄를 사하는가?
이 질문에 대해 꾸란은 "죄를 사하시는 분은 알라이시다"라고 말

한다. (4:149 ; 3:135)

2) 어떻게 해야 죄 용서를 받는가?

꾸란은 인간이 어떻게 해야 구원을 받아 낙원에서 살 수 있는지 여러 가지로 이야기한다. 그러나 본 장에서는 구원이 아닌, 죄 용서를 받을 수 있는 비결로 제시된 꾸란 구절들만을 살펴본다.

그리고 꾸란은 인간이 죄 용서를 받을 수 있는 비결로, "알라를 믿고(64:9 ; 2:218), 지하드(성전)에 참여하고(2:218), 자선을 베풀고(5:45), 선한 일을 하면서(64:9) 알라의 자비를 구하라(12:53)"고 말한다.

인간은 알라의 자비가 아니면 악에 빠지기 쉬운데, 알라의 자비가 주어지면 죄에 물들지 않을 수 있다는 것이다. (꾸란12:53)

> ☞ 이슬람은 기독교의 대속죄 개념을 거부한다. (6:164 ; 35:18 ; 39:7 ; 17:15
> ; 53:38) 즉 이슬람에서는 자신의 행위 결과는 자신이 책임지는 것이지, 다
> 른 누군가가 대신 감당해 줄 수는 없다고 말한다.

결국 꾸란에서는 인간이 죄 용서를 받을 수 있는 비결로, '알라에 대한 믿음과 지하드(성전) 참여와 자선과 선행과 알라의 자비'를 말한다.

5. 두 가지 종류의 죄와 회개

1) 큰 죄와 작은 죄

꾸란에서는 '죄에는 큰 죄(대죄)와 가벼운(작은) 죄(소죄)' 이렇게 두 가지 종류가 있다고 한다. (4:31 ; 53:32)

(1) 큰 죄(대죄)

이슬람에서 가장 큰 죄는 알라의 뜻과 명령에 불복종하는 것이다. 그중에서도 가장 큰 죄는 다른 어떤 것을 알라의 반열에 올려놓는 것과 같은, 신성모독과 관련된 죄이다. (4:48, 116)

→ 이 죄는 회개하지 않으면 지옥행이다. 이 때문에 꾸란을 비롯한 이슬람에서는 끈 질기게 예수님의 하나님의 아들 되심과 삼위일체를 거부한다.

(2) 가벼운(작은) 죄(소죄)

인간이 본래적으로 저지를 수 있는 죄로, 아래의 '용서받을 수 있는 죄'에 해당되는 죄들을 말한다.

2) 용서받을 수 있는 죄와 용서받을 수 없는 죄

(1) 용서받을 수 있는 죄

❀ 정숙한 여인을 비방하면서 네 명의 증인을 세우지 못하는 것은 죄이다. 그러나 그 이후 회개하면 그것은 죄가 아니다. (24:4, 5)

❀ 이미 죽어있던 육고기, 피, 돼지고기, 알라의 이름으로 도살되지 않은 고기를 먹는 것은 죄이다. 그러나 모르고 먹었든지, 부득이한 위급한 상황에서 먹었을 경우엔 죄가 되지 않는다. (2:173)

❁ 죽은 자가 남긴 유언장의 내용을 알면서도, 그 내용을 고의로 변경하는 것
은 죄이다. 그러나 고인이 남긴 본래의 유언장의 내용이 불공평하거나 잘
못된 것이 있어, 유언 관계자들 사이의 불화를 일으킬 수 있다고 판단하여,
화평을 이루기 위해 유언의 내용을 변경하는 것은 죄가 되지 않는다.
(2:181, 182)

☞ 꾸란에 따르면, 위와 같이 알라에 대한 신성모독을 제외한 모든 죄는 알
라의 뜻과 자비에 의해 용서 가능하다. (39:53)
또 무지하여(알지 못하여) 악을 행하고 회개할 경우엔, 모든 것을 아시는 알
라의 자비에 의해 용서받을 수 있다. (4:17 ; 6:54)

(2) 용서받을 수 없는 죄
이 죄는 큰 죄(대죄)에 해당되는 죄를 말한다. 예를 들면 그 무엇이든 알라와 연관
즉 알라와 함께 하도록 하는 것 다시 말하면 알라의 자리에 어떤 것을 올려놓는
것과 같은 우상숭배의 죄이자 신성모독의 죄를 말한다. (4:48, 116 ; 17:22, 39)

3) 용서받을 수 있는 회개와 용서받을 수 없는 회개
회개한 죄는 더 이상 죄가 되지 않는다. 그러나 꾸란에서는 회개
에도 두 가지, 즉 용서받을 수 있는 회개와 죽을 때까지 용서받을
수 없는 회개가 있다고 이야기한다.

(1) 용서받을 수 있는 회개
꾸란에서는 '무지하여(알지 못하여) 악을 행하고 회개할 경우'엔, 모든 것을
아시는 알라의 자비에 의해 용서받을 수 있다고 말한다. (4:17 ; 6:54)

⑵ 용서받을 수 없는 회개

꾸란은 반복적으로 악행을 계속하면서 살다가, 죽기 직전에 "회개한다"고 말하는 것은, 용서받을 수 없는 회개라고 이야기한다. (4:18)

제14장
꾸란에서 말하는 의인

꾸란은 어떤 사람이 의로운 사람인지 그 예를 들어주고 있다. 그러면서 무슬림들로 하여금 의인의 길을 갈 것을 말한다. 이번 장에서는 꾸란에서 말하는 의인에 대해 알아본다.

꾸란에서는 아래와 같은 사람들을 참으로 알라를 경외하는 의로운 사람이라 한다.

1) 알라와 종말의 날과 천사와 성서와 예언자들을 믿는 자 (2:177)

2) 알라와 그분의 메신저(무함마드)를 믿고, 의심하지 않는 자 (49:15)

3) 알라에 대한 사랑으로, 도움이 필요한 아래와 같은 사람들을 위해 자신의 돈으로 섬기는 자 (2:177)

　예) 친척, 고아, 곤궁한 자, 나그네, 자비를 구하는 자들(구걸하는 사람), 노예로 잡힌 자

4) 기도를 하고, 자카트(구빈세)를 납부하는 자 (2:177)

5) 자신이 한 약속을 이행하는 자 (2:177)

6) 가난과 고통에 대해 인내하는 자 (2:177)

7) 전쟁의 시기를 감내해내는 자 (2:177)

8) 진실함을 증명한 자들 (2:177)

9) 알라를 경외(두려워)하는 자 (2:189)

10) 알라의 길에서 자신의 재물과 몸으로 지하드(성전)하는 자
    (49:15)

제15장
꾸란에서 말하는 인간

세상은 인간의 기원이 어떻게 되는지, 인간은 선한지 악한지, 인간의 종국은 어떻게 될 것인지와 같은 인간에 대한 여러 질문들과 그에 대한 나름의 해답들을 제시한다.

성경도 인간에 대한 여러 정보들을 제공해주고 있다.

그리고 일반적으로 이슬람 측의 인간에 대한 이해는 "인간은 출생 시 무죄한 상태로 출생한다"는 '피트라' 라는 인간관을 가지고 있는 것으로 알려진다.

그렇다면 꾸란에서는 인간에 대해 어떻게 말하고 있을까?

이번 장에서는 꾸란이 말하는 인간에 대해 알아본다.

1. 인간은 알라에 의해 창조되었다.

1) 알라는 인간을 흙으로 창조했다.

❀ 검고 묽은 진흙(طين)으로 인간을 창조했다. (23:12)

❀ 알라는 인간은 진흙(طين)으로 창조했고, 이블리스(사탄)는 불(نار=fire)로 창
조했다. (38:76)

❀ 진흙으로 인간을 창조했다. (3:59 ; 7:12 ; 18:37)

❀ 도자기와 같은 마른 점토(صلصال)로 인간을 창조했다. (55:14 ; 15:26, 28, 33)

❀ 먼지(تراب)로 인간을 창조했다. (22:5 ; 18:37)

2) 알라는 인간을 물, 정액, 알라끄 같은 액체로 창조했다.

❀ 물로 인간을 창조했다. (25:54)

　　→ 무슬림들은 이 꾸란 구절에서의 '물'을 '정액'으로 생각한다.

❀ 알라는 살아있는 모든 것을 물(water)로부터 만들었다. (21:30)

❀ 허리와 늑골 사이에서 나오는 '뿜어나오는 액체(물, ماء دافق)'로 인간을 창조
했다. (86:6, 7)

❀ 한 방울의 '정액(نطفة)'으로 인간을 창조했다. (22:5 ; 75:36f ; 76:2 ; 80:19 ;
18:37)

❀ 한 방울의 '알라끄(علق)'로 인간을 창조했다. (22:5 ; 96:2).

　　→ 위 꾸란 구절에서 말하는 '알라끄'가 정확히 무엇인지 설명하기란 쉽지 않다. 한국
어 꾸란에서는 보통 '응혈' 또는 '핏덩이' 정도로 번역을 하고 있다.
그러나 꾸란과 생물학 모두에 대해 잘 아는 아랍어권의 무슬림 중에서는, "알라끄는
피(혈액)는 아니다. 다만 제3의 물질로 엉긴 덩어리인 것은 확실하다"라고 말하는
이도 있다.
따라서 '알라끄'를 '엉겨있는 덩어리'로 정도로 이해하는 것이 적절하다고 판단된다.

☞ 위의 꾸란 구절에서 알라끄로 창조한 인간은, 아담이나 무함마드 같은

어느 특정 인간으로 제한하지 않고 불특정 다수의 인간을 의미한다.

그러나 최초의 인간인 아담만이 어떤 특정 물질로 알라께서 만드셨고, 그

이후 인간들은 자연적인 남녀 상호간의 육체관계를 통해 출생하게 된 것임에도 불구하고, 꾸란은 불특정 다수의 인간을 알라께서 '알라끄'와 같은 어떤 특정 물질로 만들었다고 기록함으로써, 그 알라끄로 만든 인간의 경계를 분명하게 밝히지 않고 있다.

또 꾸란 40:67절에서는 인간의 생성과 성장 과정을 말하면서 복수형으로 '너희들'이란 표현을 사용한다. 그러면서 복수의 인간들이 티끌로부터 창조되었다고 말한다. 그런데 티끌로부터 창조된 사람은 아담뿐이다.

결국 꾸란은 인간 창조와 관련하여 어떤 사람을 티끌로부터 창조했는지, 또 어떤 재료로 창조했는지 등을 명확하게 문법적으로 과학적으로 구분하여 설명하지는 않고, 인간을 만드신 분이 누구인지를 강조하고 있다고 할 수 있다.

이 구절에 따르면 인간의 생성과 성장 과정은 다음과 같다.

티끌(먼지= تُرَاب) → 정액(نُطْفَة) → 알라끄(عَلَق) → 아이 → 청년 → 노인

3) 알라는 인간을 인간의 몸에서 창조했다.

☼ 인간은 모태의 3중의 암흑(어두움)에서 창조되었다. (39:6)

☼ 알라는 인간을 한 영혼으로부터 창조하셨다. (4:1 ; 39:6)

→ 여기서의 '한 영혼'은 최초의 사람 아담을 의미하는 것으로 이해된다.

2. 창조된 인간의 상태

1) 인간은 약하게 창조되었다. (4:28)

2) 인간은 천성적으로 성급한 면을 지닌 채 만들어졌다. (21:37 ; 70:19)

> → 이 말은 무함마드 당시의 사람들이 무함마드에게 알라의 메신저로서의 증표를 성급하게 요구했을 때 한 말이다.

3) 인간은 가장 좋은 형상으로 창조되었다. (95:4)

4) 인간은 알라의 영혼을 가지고 있다. (15:29 ; 32:9)

5) 인간은 태내에 있을 때 그 형상이 주어진다. (3:6)

6) 인간은 알라의 요구에 복종할 수 있는 어느 정도의 능력을 가지고 있는 상태에 있다.

> → 그래서 알라는 어떤 인간에게도 능력 이상의 것을 요구하지 않으신다. (2:233, 286 ; 23:62 ; 65:7)

7) 창조된 인간은 피조물 가운데 가장 으뜸의 상태에 있다.
꾸란 17:70에서는 "알라는 다른 모든 피조물들보다 인간을 더욱 좋아하시어 그들 위에 높이셨다"라고 말한다.

3. 인간을 창조한 목적

1) 알라를 예배하도록 하기 위해 창조했다. (51:56)

2) 인간이 알라께만 보호를 구하도록 하기 위해 창조했다. (2:41)

3) 인간이 알라를 경외하도록 하기 위해 인간을 창조했다.

→ 꾸란 5:94에서는 "알라는 어떤 사람이 참으로 알라를 경외하는지 알아보시고 추려내시기 위해 인간에게 작은 시험거리를 주신다"라고 말한다.

4) 인간이 알라를 믿도록 하기 위해 인간을 창조했다.

→ 꾸란 3:106에서는 "알라를 믿었다가 불신하는 인간에겐 형벌이 내린다"고 말하면서, 인간이 알라를 믿어야 하는 이유를 알려준다.

5) 알라는 인간을 불지옥의 땔감(연료)으로 쓰시기 위해 창조하셨다.

→ 꾸란 2:24에서는 "인간은 돌과 함께 불지옥의 땔감(연료)으로 준비된 것이다"라고 말한다. 여기서의 인간은 믿지 않는 지옥에 갈 자들을 의미하는 것이다.

4. 창조된 인간이 해야 할 일

1) 창조된 인간이 해야 할 일은 알라를 믿고 불신하지 않는 것이다.

→ 꾸란 3:106에서는 "알라를 믿었다가 불신하는 인간에겐 형벌이 내린다"고 말하기 때문이다.

2) 창조된 인간이 해야 할 일은 알라를 경외하는 것이다.

→ 꾸란 5:94에서는 "알라는 어떤 사람이 참으로 알라를 경외하는지 알아보시고 추려내시기 위해 인간에게 작은 시험거리를 주신다"고 말함으로써, 알라께서 인간이 알라를 경외하는지 여부에 얼마나 관심이 많으신지 가르쳐 준다.

3) 창조된 인간이 해야 할 일은 이 세상에서의 몫(보상)이 아닌, 내세에서의 몫(보상)을 추구하는 것이다.

→ 꾸란 2:200과 42:20에서는 "현세에서의 몫(보상)을 추구하는 인간에게는 내세에서의 몫이 없다"라고 이야기하고, 2:201과 42:20에서는 "현세와 내세에서 좋은 것을 구하는 자들은 좋은 보상을 받을 것이다"라고 이야기하기 때문이다.

4) 창조된 인간이 해야 할 일은 알라께서 주신 능력 안에서 알라
의 요구에 복종하는 것이다.

→ 꾸란에서는 "알라는 어떤 인간에게도 능력 이상의 것을 요구하지 않으신다
(2:233, 286 ; 23:62 ; 65:7)"라고 말한다. 이 말을 달리 생각하면, 알라는 인간이
감당할 수 있는 수준 정도의 요구는 하시는 분이시라는 의미가 된다.
따라서 알라의 요구가 인간에게 주어졌을 때, 인간이 해야 할 것은 알라의 요구에
복종하는 것이다.

5) 창조된 인간은 악을 버리고 선한 길을 가야 한다.

→ 꾸란 90:10과 91:8에서는 "알라는 인간에게 선과 악의 길을 보여 주셨다"라고 이
야기한다. 이것은 인간이 무엇이 선이고 악인지 구분할 수 있다는 것을 의미한다.
따라서 인간은 알라께서 보여주신 선한 길을 가야 하는 것이다.

5. 인간의 일반적인 특성들

1)꾸란이 말하는 인간의 긍정적 특성들

⑴ 인간은 알라의 영혼을 가지고 있다.

→ 왜냐하면 알라께서 인간에게 알라의 영혼을 불어넣어 주셨기 때문이다. (15:29 ;
32:9)

⑵ 인간은 선과 악을 구분할 수 있다.

→ 왜냐하면, 알라께서 인간에게 선과 악의 길을 보여 주셨기 때문이다. (90:10 ;
91:8)

⑶ 인간은 피조물 가운데 으뜸이다.

→ 왜냐하면 알라께서 다른 모든 피조물들보다 인간을 더욱 좋아하시어서 그들 위에
높이셨기 때문이다. (17:70)

2) 꾸란이 말하는 인간의 부정적 특성들

⑴ 인간은 재앙을 만나면 비탄에 잠기고, 행운이 찾아오면 인색해진다.

(70:20, 21)

(2) 인간은 인색하다. (17:100)

(3) 인간은 알라의 은혜와 자비에 대해 감사할 줄 모르고 배은망덕하다.

(2:243 ; 10:12 ; 11:9~11 ; 40:59 ; 41:51)

(4) 인간은 그들에게 자비가 아닌 악이 닥치면 절망한다. (30:36)

(5) 인간은 좋은 것을 구하지만, 그들에게 사악함이 오면 절망하고 모든 희
망을 포기해 버린다. (41:49)

(6) 인간은 불행이 그들에게 닥치면, 열심히 기도하기 시작한다. (41:51)

(7) 인간은 그릇되고 불신하는 자이다. (14:34)

(8) 인간은 알라를 믿지 않기도 한다.

→ 꾸란은 알라를 믿었다가 불신하는 인간이 있다고 말한다. (3:106)

(9) 인간에게 신의 가르침이 주어졌음에도 불구하고, 인간은 불의를 행한다.
(96:4~7)

(10) 인간은 가장 논쟁을 좋아하는 존재이다. (18:54)

(11) 어떤 인간들은 고아들을 너그럽게 대하지도 않고, 힘써서 가난한 자에
게 음식을 베풀지도 않는다. 오히려 다른 민족의 유산을 통째로 집어삼
키며, 과도하게 재산을 탐욕한다. (89:17~20)

(12) 인간은 내세보다는 현세의 몫을 추구한다.

→ 꾸란에서는 내세에서의 몫(보상)보다 현세에서의 몫(보상)을 추구하는 인간에 대
해 이야기한다. (2:200 ; 42:20)

(13) 인간은 시험거리 속에서 산다.

→ 꾸란은 "인간의 재산과 자녀는 하나의 시험(Temptaion)이며(8:28), 알라는 어떤
사람이 참으로 알라를 경외하는지 알아보시고 추려내시기 위해 인간에게 작은 시
험거리를 주신다(5:94)"고 이야기하면서, 인간이 시험거리들 속에서 살아가고 있
음을 말한다.

☞ 위에서 살펴본 바와 같이 꾸란은 인간에 대한 여러 가지 정보들을 제공하고 있다.

꾸란에 따르면, 인간은 알라를 믿고 경외하도록 알라가 흙과 액체 등으로 창조하였다. 알라는 인간에게 알라의 영혼을 주셨고, 알라를 믿고 경외하는 데 필요한 능력과 선악을 구분할 수 있는 지혜도 주셨다.

그럼에도 불구하고 인간은 알라에 대해 불신하고 세상을 더 좋아하면서 불의를 행하는 연약한 존재이다.

제16장
꾸란에서 말하는 구원의 조건

모든 종교에는 구원받기 위한 나름의 조건들이 있다.

꾸란에서도 인간이 구원을 받기 위한 조건들을 말한다. 그리고 그 조건을 충족시킨 사람(무슬림)은 알라의 뜻에 따라 지옥(자한남)이 아닌, 낙원(잔나)에서 살 수 있다고 믿는다. 무슬림들은 낙원에서의 삶을 기대하며 구원의 조건들을 충족시키기 위해 노력을 한다.

이번 장에서는 꾸란에서 말하는 인간이 구원받을 수 있는 조건들에는 무엇이 있는지 알아본다.

1. 믿음

⚙ 믿음을 가져야 한다. (52:21)

⚙ 알라를 믿어야 한다. (4:136 ; 19:60 ; 29:58, 59 ; 64:9 ; 76:12)

⚙ 알라의 징표를 믿어야 한다. (4:56, 57 ; 43:69)

✿ 알라의 책들을 믿어야 한다. (4:136 ; 3:3, 4, 4:136, 137, 2:4~7)

→ 믿어야 할 알라의 책들에는 꾸란뿐 아니라, 성경도 포함된다.

✿ 알라의 천사들을 믿어야 한다. (4:136)

✿ 알라의 메신저(라술)들을 믿어야 한다. (4:136 ; 3:31 ; 7:158)

→ 믿어야 할 메신저(라술)에는 무함마드, 예수, 아브라함, 모세 등 모든 알라의 메신 저들을 포함된다.

✿ 최후의 날을 믿어야 한다. (4:136)

2. 알라와 메신저(라술)에게 복종해야 한다. (4:13)

3. 알라를 경외해야 한다. (2:5 ; 19:72 ; 27:17 ; 79:40, 41)

4. 선을 행해야 한다. (4:57 ; 22:23 ; 19:60 ; 29:58 ; 64:9)

→ 예를 들면, 알라를 사랑하는 마음으로 가난한 자와 고아와 포로들에게 음식을 주 고, 그들로부터 어떤 보상도 원치 말아야 한다. (76:8, 9)

5. 회개해야 한다. (19:60 ; 29:58 ; 64:9)

6. 인내해야 한다. (3:142 ; 29:59 ; 76:12)

7. 지하드(성전)를 해야 한다. (3:142)

→ 꾸란 3:142에서는 "너희는 너희가 낙원에 들어갈 것이라고 생각하느냐? 알라는 너희들 중에서 누가 성전하고 인내하는 자인지 알고 있다"라고 기록하면서, 구원 받아 낙원에서 살려면 성전(지하드)를 해야 한다고 말한다.
여기서의 지하드(성전)는 외부에 대해 폭력을 사용하는 지하드이다.

8. 영혼을 깨끗이 정화해야 한다. (91:9, 10)

→ 예를 들면, 자신의 영혼이 악한 욕망에 빠지지 않도록 하는 것이다. (79:40, 41)

9. 맹세를 이행해야 한다. (76:7)

10. 알라의 용서를 구하고 인도하심을 따라야 한다.

    (3:135 ; 39:53~55)

11. 심판의 날에 저울의 눈이 무거워야 한다. (101:6, 7 ; 23:102 ; 7:8)

12. 그러나 구원 여부는 철저히 '알라의 뜻'에 달려있다.

→ 꾸란 6:39에서는 "알라께서 원하시는 자를 알라께서 멸하실 것이며, 알라께서 원하시는 자를 알라께서 의로운 길에 놓는다"라고 말함으로서, 인간의 구원 문제는 전적으로 알라의 뜻에 달려있음을 보여준다.

따라서 제 아무리 꾸란에서 구원의 조건으로 제시한 모든 것들을 지키며 살아도, 알라의 뜻이면 구원을 받지 못하는 것이다. 결국 이것은 무슬림들에게 구원에 대한 확신을 갖지 못하게 한다.

그래서 실제로 무슬림들에게 구원의 확신에 대해 물으면, 대부분의 무슬림들은 답을 못하고, "알라만 아신다"라고 말하는 것을 볼 수 있다.

☞ 결론적으로 꾸란에서는 구원의 조건으로 '믿음과 복종'과 '회개와 선행과 지하드를 포함한 실천' 그리고 '알라의 뜻(의지)'을 강조하는데, 그중에서도 가장 중요한 것은 '알라의 뜻(의지)'이라 할 수 있다.

제17장

꾸란에서 말하는 낙원과
낙원에서의 여성

종교를 가진 사람이라면 누구든 천국 같은 곳에서의 영생을 원할 것이다. 그래서 세상의 종교들은 보통 그들만의 천국을 제시하면서, 신자들로 하여금 그 천국을 사모하게 한다.

꾸란에서도 그들만의 천국을 이야기한다. 그 천국의 이름을 아랍어 꾸란에서는 '잔나(جَنَّة)'라고 하고 한국어로는 '낙원'이라고 한다. 그리고 무슬림들은 꾸란에서 소개하는 '잔나(낙원)'에서의 삶을 사모하며, '잔나(낙원)'에 들어가기 위해 노력한다.

이번 장에서는 무슬림들이 그토록 열망하는 '잔나(낙원)'에 대해 꾸란에서는 어떻게 설명하고 있는지 알아본다.

1. 총 4개의 낙원들과 정숙한 여인들

꾸란에서는 낙원이 한 개가 아니고, 총 4개가 있다고 말한다. 그리고 그 낙원들에는 누구도 건드리지 않은 정숙한 여인들이 있다고 한다.

1) 두 개의 낙원 (55:46~54)
(1) 이 두 개의 낙원에는 온갖 나무가 무성하게 자란다.
(2) 이 두 개의 낙원에는 두 개의 샘물이 자유로이 흐른다.
(3) 이 두 개의 낙원에는 온갖 종류의 과일들이 짝지어 열린다.
(4) 이 두 개의 낙원에서 살게 될 사람은 융단 위에 놓여진 두툼한 금란으로 장식한 침대 위에 기대어 앉게 될 것인데, 잘 익은 낙원의 과일들이 손이 닿는 가까운 곳에 열려 있다.
(5) 이 두 개의 낙원에는 눈을 다소곳이 내리깔고 있는 정숙한 여인들이 있다.

2) 또 다른 두 개의 낙원 (55:62~70, 76)
(1) 또 다른 두 개의 낙원은 짙은 초록빛의 낙원이다.
(2) 또 다른 두 개의 낙원에는 물을 내뿜는 두 개의 샘이 있다.
(3) 또 다른 두 개의 낙원에는 온갖 종류의 과일과 대추야자와 석류가 있다.
(4) 또 다른 두 개의 낙원에는 선하고 아름다운 정숙한 여인들이 있다.

3) 총 4개의 낙원들에 있는 정숙한 여인들
(1) 이 여인들은 눈을 다소곳이 내리깔고 있는 정숙한(순결한) 여인들이다. (55:56)
(2) 이 여인들은 선하고 아름다운 정숙한 여인들이다. (55:70)

(3) 이 여인들은 인간과 영마(Jinn=جان) 그 누구도 건드리지 않은 여인들이다.
(55:56, 74)

→ 영마는 아랍어로 된 꾸란 원본에 '진느(جن)' 또는 '잔느(جان)'로 기록되어 있다. 이 영마는 알라를 예배하도록 하기 위해(51:56), 알라께서 불에서부터 만들었다. (15:27 ; 55:15) 그러나 알라를 거역하기도 한다. 이블리스(마귀)도 영마에 속해 있던 존재이다. (18:50)
이 꾸란 구절에서의 영마는 마음속에 육적 욕망을 일으키는 눈에 보이지 않는 사악한 존재를 의미한다.

(4) 이 여인들은 루비와 작은 진주 같은 여인들이다. (55:58)

(5) 이 여인들은 사랑스러운 검은 눈을 가지고 천막 속에서 잘 보호되고 있는 여인들이다. (55:72)

(6) 이 여인들은 초록빛 침대와 아름다운 융단 위에 기대어 있다. (55:76)

(7) 이 여인들은 눈이 크고 아름답다. (37:48)

(8) 이 여인들은 시선이 제한되어 있다. (37:48)

→ 위 꾸란 구절은 낙원에 있는 이 여인들은 바라보는 것이 오염되지 않았다는 즉 때묻지 않은 순결한 눈을 가지고 있다는 의미이다.

(9) 이 여인들은 잘 보호받은(감추어진) 달걀과 같다. (37:49)

(10) 이 여인들은 잘 간직된 진주와도 같은, 크고 사랑스러운 눈을 가진 정숙한 여인들(후루 아인=خور عس)로서 낙원에 머물 남자들 곁에 있다. (56:22~24)

2. 낙원의 모습

(1) 낙원은 기쁨이 있는 곳이다. (56:12 ; 4:57)

(2) 낙원에는 심한 더위나 추위가 없다. (76:13)

(3) 낙원은 울창한 숲으로 무성하다. (78:16)

(4) 낙원에는 풍요로운 그늘이 있다. (4:57)

(5) 낙원에는 그늘이 넓게 퍼져있다. (56:30)

(6) 나무 그늘이 낙원에 거하는 자 위에 가까이 드리운다. (76:14)

(7) 낙원에는 벽으로 둘러싸인 과수원과 포도원이 있다. (78:32)

(8) 낙원에는 과실이 가득하다. (37:43)

(9) 낙원에는 과일이 풍부하여 모자람이 없다. (56:32, 33)

(10) 낙원에는 송이송이 열린 과일이 손이 쉽게 닿는 곳에 열려있다. (76:14)

(11) 낙원에는 바나나가 주렁주렁 달려있다. (56:29)

(12) 낙원에는 강이 흐른다. (14:23 ; 20:76)

(13) 낙원에는 흐르는 물이 있다. (56:31)

(14) 낙원에는 흐르는 냇물이 있다. (4:13, 57 ; 18:31)

(15) 낙원에는 흐르는 샘물과 순배가 있다. (37:45)

　　→ 그 순배는 영롱한 흰빛을 띠며 달콤하고, 취하거나 머리가 아프지 않다. (37:46, 47)

(16) 낙원에는 잔들이 제자리에 놓여 있다. (88:14)

(17) 낙원에서는 잘 간직된 진주와도 같은 동자(소년=غِلمان)가 있는데, 그가 구원받은 자들을 시중든다. (52:24)

(18) 뿌려진 진주와 같은 나이를 먹지 않는 젊은이들(사내 아이들)이 낙원에 거하는 자들 주위에서 시중을 든다. (76:19 ; 56:17)

(19) 낙원에는 크고 사랑스러운 눈을 가진 정숙한 여인들(후루 아인=خور عِين)이 낙원에 머물 남자들 곁에 있다. (56:22~24)

(20) 낙원에는 높은 침상과 잘 배열된 베개들과 우아한 융단이 깔려 있다. (88:13, 16, 17 ; 18:31)

☞ 앞에서 살펴본 바와 같이 꾸란에서 이야기하는 낙원의 모습은, 한마디로 너무 덥지도 춥지도 않은 좋은 날씨 속에서 냇물이 흐르는 울창한 숲으로 이루어진 그늘 밑, 높은 침상과 잘 배열된 베개들과 우아한 융단이 깔려있는 곳에 반쯤 옆으로 누워, 크고 사랑스러운 눈을 가진 정숙한 여인(후루 아인=خور عين)을 곁에 두고, 진주와도 같은 어린 소년들의 시중을 받으며, 원하는 과일과 음료(술 포함)를 마음껏 먹으며 지낼 수 있는 곳이다.

꾸란에서 소개하는 낙원의 모습은, 마치 조선시대 날씨 좋은 어느 날 산 좋고 물 좋은 계곡가에 위치한 정자에서, 옆에 아름다운 여자를 끼고 실컷 술과 음식을 먹으면서 여색을 추구하던 일부 사내들의 모습을 떠오르게 한다.

그렇다면 꾸란은 왜 낙원에 대해 위와 같은 모습으로 소개하고 있는 걸까?

그 이유는 무함마드가 살던 당시의 아라비아 반도의 척박한 상황과 연결되어 있다고 볼 수 있다. 지금도 그러하지만 무함마드 당시의 아라비아 반도는 물과 나무 그리고 과일 같은 것들이 매우 귀한 사막이었으며, 강렬한 햇살이 있는 열사의 땅이었다. 보통 사막은 낮에는 찌는 듯한 더위가 있고, 밤에는 기온이 뚝 떨어져 춥기까지 했다.

때문에 당시의 사람들은 늘 그들이 꿈꾸는 이상적인 낙원의 모습으로, 너무 덥지도 춥지도 않은 적당한 날씨에 물이 흐르는 나무 그늘 아래 우아한 융단을 두고, 아름답고 정숙한 여인들을 데리고 남의 시중을 받으며, 원하는 과일과 음료 등을 마음껏 먹고 마실 수 있는 그런 모습으로 생각했었다.

3. 낙원에서 하는 일

1) 눈이 크고 아름다운 처녀들을 아내로 삼고 산다. (52:20)
2) 같은 나이의 처녀들을 아내로 삼는다. (78:33)
3) 처녀인 고귀한 배우자를 갖게 된다. (56:34~36 ; 4:57)
4) 비슷한 나이 또래의 사랑스러운 여인들이 낙원에 머물게 될 그들(남자들) 곁에 있는다. (56:37, 38)

5) 이생의 자녀들 가운데 믿음으로 알라를 따르는 자녀들은 그들의 부모와 함께 살 것이다. (52:21)

6) 흐르는 샘물에서 잔으로 순배를 든다. (37:45)
7) 변덕도 죄악도 없는 잔을 서로 주고받을 것이다. (52:23)
8) 유리와 같이 맑은 은 접시와 은 잔이 낙원에 거하는 자들에게 돌려지고, 그들은 원하는 만큼 따라 마신다. (76:15, 16)
9) 생강이 섞인 음료를 마신다. (76:17)
10) 순수한 음료를 마신다. (76:21)
11) 술잔과 물병과 샘에서 바로 뜬 잔을 가지고 있는, 나이를 모르는 젊은이들(사내 아이들)의 시중(섬김)을 받는다. (56:17, 18)
12) 시중드는 나이를 모르는 젊은이들(사내 아이들)이 들고 있는 잔(술)을 받아 마셔도 머리가 아프거나 취하지 않는다. (56:19)
   → 그러나 꾸란 5:90에서는 이 세상에서의 술은 도박과 우상숭배와 점술 등과 함께

사탄의 활동으로부터 온 불결한 것이니, 무슬림은 그런 것들로부터 멀리해야 한다고 말한다. 아울러 그렇게 해야 번창할 수 있다고 말한다.

그런 불결한 술이 낙원에서는 아주 좋은 것으로 이해되어 허용된다. 이유는 세상에서의 술은 마시면 취하지만, 낙원에서의 술은 취하지 않기 때문에 좋은 것으로 허용된다는 것이다.

그러나 꾸란은 술의 기원에 대해 사탄으로부터 온 불결한 것이라 말하면서 금해야 할 것이라고 분명히 말한다. 그런데 낙원에서는 허용된다는 것은 낙원에서의 술은 더 이상 사탄과는 상관없다는 것으로 이해된다. 이 세상에서 나쁜 것이 낙원에서는 좋은 것이라는 것을 어떻게 이해해야 할까?

13) 줄지어 놓은 의자에 기대앉아 행복 속에서 먹고 마신다. (52:19)

14) 풍부한 과일과 고기를 먹는다. (52:22)

15) 과일을 좋아하는 대로 고를 수 있다. (56:20)

16) 새고기도 원하는 것으로 택할 수 있다. (56:21)

17) 아침 저녁으로 식사를 하게 된다. (19:62)

18) 금팔찌와 진주를 하게 되고, 비단옷을 입을 것이다. (22:23 ; 18:31)

19) 아름다운 초록빛 비단과 두툼한 금란으로 몸을 두르고, 은 팔찌로 몸치장을 한다. (76:21)

20) 비단 옷을 입는다. (76:12 ; 18:31)

21) 화려한 방에서 산다. (29:58)

22) 금과 보석으로 수놓은 침대에 서로 마주 보고 기대어 앉는다. (56:15, 16)

23) 순수한 이야기로 인도를 받게 될 것이다. (22:24)

24) 쓸데없는 이야기나 거짓말(사악한 말)을 듣지 않게 된다. (78:35 ; 56:25)

25) 낙원에서 살게 될 자들은 어떤 헛된 것도 듣지 않게 될 것이며

(19:62), '평화(ﷺ)'라는 인사를 듣게 될 것이다. (19:62 ; 10:10 ; 14:23)

26) 주님으로부터 자기가 행한 일에 비례하여 보상을 받게 된다. (78:36)
27) 알라 곁에서 영원히 산다. (98:8)
28) 알라의 허락을 받은 자 외엔, 아무도 알라께 말을 걸 수 없다. (78:37, 38)
29) 가시 없는 갈매나무 속에 있게 된다. (56:28)

☞ 위에서 살펴본 바와 같이 낙원에 간 무슬림이 낙원에서 하는 일이란, 현세에서 하던 일들과 그 성격 면에서 크게 다르지 않음을 알 수 있다. 즉 여러 명의 아내들과 아이들을 데리고 보석으로 치장된 화려한 집에서 화려한 옷 입고, 먹고 싶은 것 먹고 마시고 싶은 것 마시면서, 거짓없는 좋은 이야기를 들으면서 알라 곁에서 영원히 산다.

그런데 낙원의 모습이나 낙원에서 하는 일들에 대한 꾸란의 진술들을 보면, 꾸란에서 말하는 낙원은 여자보다는 남자 입장에서 남자를 위한 곳이라는 것을 알게 된다. 그래서인지 유독 남자에게 주어질 '처녀'에 대해 자주 언급하는 것을 볼 수 있다. 반면에 낙원에서 살게 될 여자에게 주어질 총각에 대한 언급은 없다.

이와 관련하여 비록 꾸란의 내용은 아니지만, 무함마드의 언행을 기록해 놓은 '하디스'에서는 낙원에서 살게 되는 무슬림 남자와 처녀의 관계를 이렇게 이야기 하고 있다.
"낙원에 머물게 되는 모든 남자들에게는 각각 총 72명의 처녀들이 주어지게 되는데, 그 중 70명은 특별히 창조된 처녀들이고, 나머지 두 명은 지상의 아내들 중에서 마음에 드는 아내를 포함한 인간 여성들이다. 이들은 매 성교 이후 다시 순결한 숫처녀의 상태로 되돌아간다. 또 낙원에서의 72명의 여인들과의 성관계를 위해, 무슬림 남성에게는 100명 분의 정력이 부여된다."

결국 꾸란에서 말하는 낙원은 여자보다는 남자를 위한 곳이며, 남자들의 성욕, 식욕, 물욕과 같은 욕망들을 마음껏 해결할 수 있는 곳이라 할 수 있다. 그에 반해 낙원에서의 여자들은 남자들의 성적 욕망을 위한 도구 그 이상이 되지 못함을 알 수 있다.

☞ 지금까지 살펴본 바와 같이 꾸란에서의 낙원은 성경에서 소개하는 천국, 즉 하나님 나라와는 많이 다른 것을 알 수 있다. 성경에서 소개하는 천국이 거룩하신 하나님과 그분의 속성에 초점이 맞추어진 거룩하고 영적인 곳인 것에 비해, 꾸란에서 소개하는 낙원은 인간과 그 속성에 초점이 맞추어진 세속적이고 향락적인 곳이라 할 수 있다.

또 꾸란에 기록되어 있는 내용은 아니지만, 이슬람 측에서는 낙원이 7층 구조로 되어 있다고 말한다. 그들의 주장에 따르면, 1층은 끝없이 펼쳐진 강물이 넘치는 곳이고, 2층은 무슬림들만이 즐기는 곳, 3층은 무슬림들을 섬기는 8만 명의 종들과 예언자들이 머무는 곳, 4층은 제한 없이 많은 부인을 둘 수 있고 음식과 음악이 풍성한 곳, 5층은 천 년마다 향락이 증가되는 곳, 6층은 100년마다 22만 4천 명의 예언자로 늘어나는 곳, 마지막 7층은 313명의 메신저가 최종적인 주인이 되는 곳이다. 그리고 아랍인 무슬림들

에게 이 7층 구조의 낙원에 대해 물으니, 그들은 위의 내용을 확증
해주었다.

　어떤 이들은 꾸란이 7층 구조의 낙원과 지옥에 대해 기록하고
있다고 주장하는 이들이 있을 수 있으나, 꾸란에서 분명하게 소개
하고 있는 것은 7개로 된 하늘들과 땅에 대한 언급이다. 꾸란
65:12과 67:3 그리고 71:15에서 7개의 하늘들을 말하고, 65:12에서
7개의 땅 즉 7층 구조의 땅을 이야기한다. 위의 꾸란 구절들에서
말하는 하늘들과 땅은 낙원과 지옥을 말하는 것이 아니다.

꾸란에서 말하는 낙원의 모습

제18장
꾸란에서 말하는 지옥

앞 장에서는 꾸란에서 말하는 낙원(잔나)에 대해 알아보았다.

꾸란에서는 무슬림들에게 낙원은 이 세상에서 누려볼 수 있는 감각적이고 향락적인 것들을 포함한 모든 좋게 보여지는 기쁨보다 더욱 큰 기쁨을 원하는 만큼 실컷 누릴 수 있는 아주 좋은 곳이라고 소개하면서, 무슬림들로 하여금 낙원에 대한 사모함을 갖도록 하고 있다.

그리고 낙원과 상반되는 끔찍한 곳으로서, 지옥(자한남=جهنم)에 대해서도 소개한다.

이번 장에서는 꾸란에서 소개하고 있는 지옥(자한남)에 대해 알아본다.

1. 이런 사람이 지옥에 간다.

1) 알라를 믿지 않는 사람

- 알라를 믿지 않는 자는 불지옥에 넣어질 것이다. (2:39 ; 50:24 ; 18:100)
- 알라를 믿지 않는 자들은 사탄의 동반자이다. (4:38)
- 믿지 않는 자들과 또 믿지 않은 상태로 죽은 자들은, 금 땅을 바친다 하더라도 받아들여지지 않을 것이다. 그들에게는 준엄한 징벌이 있고 아무런 돕는 자도 없을 것이다. (3:91)
- 알라께서는 지옥을 불신자(Kafirin)를 위한 곳으로 만들었다. (17:8 ; 18:102)

2) 알라에게 거역하는 사람

- 알라에게 거역하는 사람들은 반드시 가장 낮은 자들 중에 있게 된다. (58:20)
  → 여기서 '가장 낮은 자들이 있는 곳'은 지옥의 가장 낮은 곳을 의미한다.
- 알라를 거역하는 자는 지옥의 불길 속으로 들어가 그곳에서 징벌을 받는다. (4:14)
- 지옥은 거역하는 무리들이 살 곳으로, 그들은 그곳(지옥)에서 장구한 세월을 살게 된다. (78:22, 23)

3) 알라의 증거를 거짓으로 여기거나 거부하는 사람

- 알라의 증거를 거짓으로 여기는 자는 불지옥에 넣어질 것이다. (2:39)
- 알라의 증거를 전적으로 거부하는 자들은 지옥에 머물며, 고통스러운 징벌을 받을 것이다. (78:28~30)

4) 알라의 징표를 불신하는 사람

✤ 알라의 징표를 믿지 않는 불신자는 끊임없이 살이 타들어가는 불(불지옥) 속에 이르게 할 것이다. (4:56)

✤ 알라의 징표를 불신하는 자는 지옥행이다. (18:105, 106)

5) 알라를 따르다가 돌아선 사람

✤ 알라를 따르다가 돌아선 자에겐 지옥의 타오르는 불길이 적합하다. (4:55)

✤ 한 때 믿었던 자가 믿지 않을 경우, 회개하고 반성하기 전엔 모든 저주가 그들에게 내릴 것이며, 알라의 인도를 받지 못한다. (3:86~90)

6) 알라를 예배하지 않는 자는 지옥행이다. (40:60)

7) 알라를 반대하는 자는 내세에서 불길(지옥)의 징벌을 받게 된다. (59:3)

8) 알라의 율법을 범하는 자는 지옥의 불길 속으로 들어가 그곳에서 징벌을 받는다. (4:14)

9) 알라와 함께 다른 신을 만드는 자 즉 다신론자(무쉬리쿤)는 지옥에 던져져 비난받고 버림 받을 것이다. (17:39)

10) 알라의 메신저(무함마드)를 거역하는 자

✤ 알라의 메신저(무함마드)를 거역하는 자는 지옥의 불길 속으로 들어가 그곳에서 징벌을 받는다. (4:14)

✤ 알라의 메신저(무함마드)에게 거역하는 사람들은 반드시 가장 낮은 자들 중에 있게 된다. (58:20)

→ 여기서 "가장 낮은 자들이 있는 곳"은 지옥의 가장 낮은 곳을 의미한다.

11) 알라의 메신저(무함마드)를 반대하는 자는 내세에서 불길(지옥)의 징벌을 받게 된다. (59:3)

12) 알라의 메신저(무함마드)를 조롱하는 자는 지옥행이다. (18:106)

13) 알라의 메신저(무함마드)와의 만남을 원치 않는 자는 지옥 불 길 속에 거하게 된다. (10:7, 8)

14) 이 세상의 생명으로 만족하며 그 속에 안주하면서 무함마드의 징표에 무관심한 자들은 지옥 불길 속에 거하게 된다. (10:7, 8)

15) 이블리스(사탄)를 따르는 자들은 지옥행이다.

→ 알라는 이블리스(사탄)와 이블리스를 따르는 사람들로 지옥을 채운다. (38:85 ; 15:43 : 17:63)

16) 진리를 거부하고 등을 돌리는 자와 같은 사악한 자가 지옥 의 불길 속으로 들어간다. (92:15, 16)

17) 응보를 두려워하지 않는 자들은 지옥에 머물며 고통스런 징 벌을 받을 것이다. (78:27~30)

18) 악의 응보를 받는 자들은 지옥에서 살 것이다. (13:18)

19) 최후(심판)의 날을 믿지 않고 부인하는 사람

❀ 최후의 날을 믿지 않는 자들은 사탄의 동반자(사탄에게 가까운 자)이다. (4:38)

❀ 심판의 날을 부인하는 자들은 지옥행이다. (74:47 ; 83:16)

20) 심판의 날에 저울의 눈이 가벼운 자는 지옥행이다. (101:8, 9 ; 7:9 ; 23:103)

21) 왼손에 자신의 기록부를 받아든 자

❀ 왼손에 자신의 기록부를 받아든 자는 족쇄가 채워지고 사슬에 묶여 지옥

에 던져진다. (69:25~32)

❁ 왼손에 자신의 기록부를 받아든 자는 시원함도 즐거움도 없는, 태우는 듯
한 바람과 끓는 물과 검은 연기 그늘 속에 있게 될 것이다. (56:41~44)

**22) 등 뒤에서 기록부(장부)가 주어지는 자는 지옥 불 속에서 태
워지리라.** (84:10~12)

**23) 현세의 생활을 택하는 자는 지옥 불 속으로 떨어져 그곳에
서 살게 된다.** (79:38, 39)

**24) 재물이 자신을 영원불멸하게 만든다고 생각하며, 재물을 축
적하고 헤아리기 바쁜 자들은 짓이겨지는 지옥의 징벌 속으
로 던져질 것이다.** (104:2~7)

**25) 인색하며, 또 다른 사람들까지 인색하게 만들고, 또한 알라
께서 자비로서 주신 것을 은폐하는 자들에게 굴욕의 징벌이
마련되었다.** (4:37)

**26) 사람들에게 보이기 위해 자신의 재물을 사용하는 자들은
사탄의 동반자이다.** (4:38)

27) 가난한 자들에게 음식을 베풀지 않은 자 지옥행이다. (74:44)

**28) 허망한 잡담(공론, 토론)에 빠진 자들과 허망한 잡담(공론, 토론)
에 열중한 자 지옥행이다.** (74:47)

29) 비방하고 중상하는 자들에겐 지옥의 화가 있다. (104:1)

**30) 남녀 신자들(무슬림들)을 박해하면서도 회개하지도 않는 자들
에겐 반드시 지옥의 징벌이 내린다.** (85:10)

31) 기도를 준수하지 않은 자는 지옥행이다. (74:42, 43)

32) 죄를 지은 사람은 지옥의 징벌 속에서 영원히 산다. (43:74)

33) 선을 방해하는 자는 지옥행이다. (50:25)

34) 의심하는 자는 지옥행이다. (50:25)

→ 때문에 이슬람은 알라와 무함마드 그리고 꾸란 등에 대해 일체의 의심이나, 의심 스러운 질문 등을 하지 말라고 말한다.

35) 불행한 자

✿ 불행한 자들은 불지옥에 있게 될 것이며, 그곳에서 한탄하고 통곡할 것이 다. (11:106)

✿ 불지옥에 있게 될 불행한 자들은 하늘과 땅이 존속하는 한 불지옥에서 영 생할 것이다. 그러나 알라가 원하는 자는 제외될 것이다. 즉 불지옥에서 살 지 않을 것이다. (11:107)

→ 일부 이슬람 측에서는 위 꾸란 구절을 근거로 천국은 영원하나, 지옥은 일시적이 고 기간이 제한되어 있다고 말한다.
그러나 이 꾸란 구절은 지옥의 일시성을 말하는 것이 아니라, 즉 지옥행일지 낙원 행일지와 같은 인간의 운명에 대한 알라의 뜻으로서의 철저한 주권을 강조하는 구 절이다.
따라서 알라께서 보시기에 지옥에 갈 수밖에 없을 만큼 많은 악행을 범한 사람이 라 할지라도, 알라가 지옥이 아닌 낙원행을 원하신다면, 그는 지옥에 가지 않는다.

☞ 위에서 살펴본 바와 같이 결국 꾸란에서 말하는 지옥에 갈 사람은 알라 와 그분의 메신저 무함마드에 대해 불신하고 따르지 않는 자, 응보와 최후 심판의 날을 믿지 않는 자, 사탄을 따르는 자, 이 세상에 안주하면서 베풀 지 않고 인색하게 살아가는 자, 기도도 하지 않으면서 헛된 잡담이나 하고 무슬림을 비방하고 괴롭히는 자, 마지막 심판의 날에 저울의 눈이 가벼운 자, 바로 이런 사람들은 특별히 알라께서 제외시켜주지 않는 한 지옥행이 다. 그래서인지 자신들의 운명이 지옥이 되지 않도록 알라의 자비를 구하 는 무슬림들이 많이 있다.

2. 지옥(جَهَنَّم = سَقَر)의 모습

1) 지옥에 있는 것들

⚙ 계속되는 온갖 고통 (14:17 ; 38:58)

⚙ 징벌 (43:74, 75)

⚙ 절망 (43:75)

⚙ 영마(진느=Jinn=جِنّ=جَانّ=جِنّة) (11:119 ; 32:13)

⚙ 인간들 (11:119 ; 32:13)

⚙ 불신자들 (76:4)

⚙ 땔감(인간과 돌멩이) (66:6 ; 2:24)

⚙ 불(fire) (66:6 ; 74:27~31 ; 76:4)

⚙ 알라의 명령을 받는 그대로 행하는 엄하고 사나운 천사들 (66:6)

⚙ 지옥을 지키는 지옥(جَهَنَّم = سَقَر)의 불길 위의 19 천사들 (74:30, 31)

⚙ 불신자들을 위해 준비된 쇠사슬과 쇠굴레(족쇄) (76:4 ; 69:30~32)

⚙ 태우는 듯한 바람과 끓는 물과 검은 연기 그늘 속에 있게 될 것이다.

　　(56:41~44)

⚙ 펄펄 끓는 열탕 (78:24)

⚙ 악취가 풍기는 매우 차가운 액체 (78:24 ; 38:57)

⚙ 일곱 개의 문들(أنوَاب = gates) (15:44)

⚙ 배고픔(허기) (87:5~7 ; 88:4~7)

⚙ 펄펄 끓는 물 (87:5~7 ; 88:4~7 ; 14:16 ; 37:67 ; 56:42, 54)

⚙ 마르고 가시 돋친 쓰디쓴 풀 (87:5~7 ; 88:4~7)

⚙ 사탄의 머리처럼 생긴 '작꿈(زَقُّوم)' 나무 열매 (37:66, 67 ; 56:52)

　　→작꿈나무는 지옥의 근원에서 자라나는 나무로서, 알라께서 불의한 자들을 위한
　　시험용으로 만든 나무이다. 그리고 그 열매는 사탄의 머리처럼 생겼다. (37:62~65)

2) 지옥에 없는 것들

✿ 죽음 (14:17 ; 87:12, 13)

✿ 용서 (74:27, 28)

✿ 친절(관대함=كريم) (56:44)

✿ 시원한 곳 (78:25 ; 56:44)

✿ 마실 것 (78:25)

3) 지옥에서의 인간의 삶

✿ 인간은 돌맹이와 함께 지옥의 땔감으로 쓰인다. (66:6 ; 2:24)

✿ 계속되는 온갖 고통이 주어진다. (14:17 ; 38:58)

✿ 늘 배고프다. (87:5~7 ; 88:4~7)

✿ 불에 태워진다. (38:56)

✿ 징벌을 받는다. (43:75)

✿ 절망에 사로잡힌다. (43:75)

3. 지옥에서의 음식

1) 펄펄 끓는 샘물과 마르고 가시 돋친 쓰디쓴 풀

✿ 지옥에서의 음식은 살을 찌게 하거나 빈 속을 채워주지 못하는 펄펄 끓는 샘물(온천물)과 마르고 가시 돋친 쓰디쓴 풀뿐이다. (87:5~7)

✿ 타오르는 불 속의 지옥에서 살 자들에게 주어질 음식은 펄펄 끓는 샘물과 먹어도 배부르게 해주지 못하고 살을 찌게도 하지 않는 마르고 쓰디쓴 가시 돋친 풀뿐이다. (88:4~7)

2) 끓는 물 (14:16 ; 37:67 ; 38:57 ; 56:42, 54)
3) 사탄의 머리처럼 생긴 '작꿈(زَقُّوم)' 나무 열매

❀ 지옥에서 살 자들은 그 열매가 마치 사탄의 머리처럼 생긴 '작꿈(زَقُّوم)' 나무
　열매를 먹은 후, 끓는 물을 마시게 된다. (37:66, 67)

☞ 결론적으로 꾸란에서는 지옥을 매우 고통스러운 형벌이 기다리는 곳으
로 표현한다. 그리고 낙원행과 지옥행을 결정하는 기준으로, 알라가 제시
한 믿음과 실천 사항 준수 여부를 말하고 있으면서도, 동시에 모든 것은 알
라의 뜻에 따라 구원받을 자인지 지옥에 갈 자인지를 결정하게 됨으로써
철저히 알라의 주권을 강조하고 있다.
특히 꾸란에서 소개하는 지옥과 관련하여 눈에 띄는 특이점은 지옥에서
고통을 받는 인간이 먹어야 할 음식이 있다는 것이다.

그외도 꾸란 102:6, 7에서는 "현세에서도 확실히 눈으로 보게 될
지옥이 있다"고 말하면서, 지옥은 반드시 내세에서만 존재하고 경
험할 수 있는 것이 아님을 말한다.

또 꾸란에 언급되어 있는 내용은 아니지만, 이슬람 측에서는 7
층 구조로 된 지옥을 말하기도 한다. 그들의 주장에 따르면, 지옥
은 1층은 무슬림들에게 나쁜 짓을 한 사람들이 가는 곳, 2층은 유
대교인들이 가는 곳, 3층은 기독교인들이 가는 곳, 4층은 고대 아
랍 족인 사비안 족이 가는 곳, 5층은 고대 페르시아의 마기 족이
가는 곳, 6층은 위선자들이 가는 곳, 마지막 7층은 이슬람에서 떠
나 타락한 자들이 가는 곳이다. 그리고 아랍인 무슬림들에게 이 7
층 구조의 지옥에 대해 물으니, 그들은 위의 내용을 확증해주었다.

이슬람의 지옥의 모습

앞선 17장 낙원편에서도 언급했지만, 어떤 이들은 꾸란이 7층 구조의 지옥에 대해 기록하고 있다고 주장하는 이들이 있을 수 있으나, 꾸란에서 분명하게 소개하고 있는 것은 7개로 된 하늘들과 땅에 대한 언급이다. 꾸란 65:12과 67:3 그리고 71:15에서 7개의 하늘들을 말하고, 65:12에서 7개의 땅 즉 7층 구조의 땅을 이야기 한다. 위의 꾸란 구절들에서 말하는 하늘들과 땅은 낙원과 지옥을 말하는 것이 아니다.

제19장
꾸란에서 말하는
심판^(부활/최후)의 날

꾸란에서는 언젠가 세상의 종말이 있을 것이기에, 모든 무슬림들은 이 종말의 날에 대한 분명한 믿음을 가져야 한다고 말한다. 꾸란은 종말의 날에 대해 여러 명칭으로 표현한다. '부활의 날(يَوم القِيامة)' 이라고 하기도 하고, '심판의 날(يَوم الدِّين)'이라고도 한다. 또 '최후(마지막)의 날(يَوم الأخِر)', '정산(계산)의 날(يَوم الحِساب)', '고난의 날(يَوم عَسِير)'이라고도 하고, '분리(단절)의 날(يَوم الفَصْل)', '위협의 날(يَوم الوَعِيد)', '영원의 날(يَوم الخُلُود)'이라고도 표현한다.

꾸란에서 말하는 '심판의 날'이란 어떤 모습일까? 이번 장에서는 꾸란에서 소개하는 '심판의 날'에 대해 알아본다.

1. 심판^(부활)의 날이란 어떤 날인가?

1) 하늘이 열려 문들이 되고, 산들이 움직여 신기루처럼 변하는 날이다. (78:19, 20)

2) 나팔이 울려 퍼지는 날이다. (74:8 ; 78:18 ; 20:102 ; 69:13 ; 50:20 ; 36:51 ; 23:101)

3) 죽은 자가 부활되는 날이다. (36:51, 52 ; 23:100)

4) 알라께서 모든 사람들을 한데 불러 모으는 날이다. (58:6, 18 ; 77:38 ; 69:18 ; 50:21 ; 36:51, 53)

5) 사람들마다 각각 홀로 알라께 나아가는 날이다. (19:95)

6) 모든 것을 아시는 알라께서 사람들이 행한 일을 친히 알려주시는 날이다. (58:7)

7) 자신이 행한 모든 선과 악 앞에 서 있는 자신을 보게 될 날이다. (3:30)

8) 심판의 날은 누구도 다른 영혼을 위해 아무 일도 할 수 없는 날이다. 그날 명령을 내리실 분은 오직 알라뿐이다. (82:19)

9) 불지옥 속에서 고통을 받을 날이다. (51:12~14)

10) 진리를 거부하는 자들에게 화가 있는 날이다. (77:15, 19, 24, 28, 34, 37, 40, 45, 47, 49)

11) 믿지 않는 자들에겐 결코 평탄함이 없는 고난의 날이다. (74:9, 10)

12) 악한 자들이 지옥에서 불에 타게 되는 날이다. (82:15)

13) 고통(عذاب)이 두 배로 주어지며, 그 안에서 굴욕적인 삶을 영원히 지속하게 되는 날이다. (25:69)

14) 선을 행하는 의로운 자들에게는 알라로부터 보상이 내려 지는 날이다. (77:41~44)

15) 부활의 날은 의심의 여지가 없다. 반드시 온다. (4:87 ; 40:59)

2. 심판(부활)의 날이 오기 전 징조는 무엇인가?

❀ 모든 마을에 대해 파괴하거나 심한 벌을 내리실 것이다. (17:58)

3. 심판(부활)의 날은 언제, 어떤 모습으로 오는가?

❀ 부활의 날은 눈이 부시고, 달이 가려지고, 해와 달이 하나로 모아질 때 온다. (75:6~9)

❀ 별들이 빛을 잃게 될 때, 하늘이 조각조각 갈라질 때, 산들이 날려져 버릴 때, 메신저(라술)들이 정해진 때에 나타내어질 때 심판의 날이 임한다. (77:8~14)

　→ 심판의 날에 나타날 메신저(라술)들은 단수가 아닌, 복수이다.

❀ 나팔이 울려 퍼지는 날에 온다. (74:8 ; 78:18 ; 20:102 ; 69:13 ; 50:20 ; 36:51 ; 23:101)

❀ 땅과 산이 산산조각나고, 하늘은 갈리지고 힘을 잃게 될 때 온다. (69:14~16)

❀ 천사들은 갈라진 하늘 주위에 늘어서고, 여덟 천사들은 주님의 보좌를 떠받든다. (69:17)

4. 심판의 날엔 누가 오는가?

❀ 여러 메신저(라술)들이 정해진 때에 나타날 것이다. (77:8~14)

❀ 예수는 마지막 심판의 날에 대한 지식을 가지고 있으며, 그날의 증표(증거 =عِلْم)와 지혜를 가지고 다시 오실 것이다. (43:61~63)

→ 위에서 살펴본 바와 같이 꾸란에서는 마지막 심판의 날에는 알라의 메신저(라술)들이 나타날 것이라고 말한다. 그리고 심판의 날에 나타날 메신저들 중 한 사람으로 예수님을 이야기한다.

이슬람 측 역시 보통 마지막 심판의 날에 예수가 다시 오실 것이라는 예수님의 재림을 말한다. 그리고 꾸란의 근거로 꾸란 43:61~65를 든다. 특히 43:61, 63을 예수님의 재림을 뒷받침하는 핵심적 구절로 본다.

이 꾸란 구절들을 각각 직역해보면 이렇게 번역이 가능하다.

"진실로 그(예수)는 그 시간(심판의 날)에 대한 지식이다. 그 시간(심판의 날)을 의심하지 말고 나를 따르라. 이것이 올바른 길이다. (43:61)"

이 구절에서 분명히 알 수 있는 것은 예수님이 그 시간, 즉 심판의 날에 대한 지식을 가지고 있다는 것이다.

또 43:63은 이렇게 번역이 가능하다.

"그(예수)가 명백한 증거를 가지고 와서, '나(예수)는 지혜를 가지고 너희들에게 왔으니, 너희들이 서로 의견을 달리하고 있는 것에 대해 명확하게 하겠다. 그러니 알라를 경외하고 내게 순종하라'라고 말했다. (43:63)'

이 구절의 의미는 예수가 심판의 날에 명백한 증거와 지혜를 가지고 와서, 예수에 대해 서로 다른 의견을 가지고 있는 사람들에게, 직접 예수 자신에 대한 정체성 즉 예수가 알라의 아들인지, 알라 자신인지, 아니면 단순히 알라의 종인지에 대해 알려 줄 것이라는 것이다.

이렇듯 꾸란에서는 예수님을 심판의 날에 다시 오실 분으로 이야기하고 있다.

☞ 결론적으로 꾸란에서 소개하는 심판의 날에 대해서는 꾸란에서 이 날과 관련하여 기록한 다른 이름들을 통해 정리해 볼 수 있다.

이 날은 모든 죽은 자가 부활하여 알라 앞에 서게 되는 최후 심판의 날이다. 알라 앞에 선 사람들은 각각 자기들이 살아온 삶에 대해 정산(계산)을 받게 될 것이다. 정산의 결과 저울의 눈금이 가벼운 그래서 왼손에 기록부(장부)를 받게 되는 사람들은 분리되어 고난을 받는 날이 될 것이다. 반면에 저울의 눈금이 무거운 그래서 오른손에 기록부(장부)를 받게 되는 사람들은 영원히 낙원에서 살게 되는 날이다.

이 심판의 날과 관련하여 특이한 점은, 무함마드가 아닌 예수님을 마지막 심판의 날에 다시 올 자로 꾸란이 기록하고 있다는 것이다.

심판의 날 심판대 앞에 선 인간

제20장
꾸란에서 말하는 여성

오늘 날 사람들이 이슬람과 관련하여 비판을 많이 하는 것 가운데 하나가, 여성에 대한 입장이다.

이슬람을 옹호하는 입장에 있는 분들은 "이슬람은 여성을 비하하거나 차별하지 않으며, 남자와 평등하게 대하고 여성의 권익 보호와 인권 증진을 위해 노력하는 종교"라고 말한다.
반면에 이슬람에 대해 비판적인 입장에 있는 사람들은 "이슬람은 여성을 비하하고 차별하고 성적으로 착취하는 소위 여성의 인권과 권익을 저해하는 종교"라고 비판한다.

과연 꾸란에서는 여성에 대해 어떻게 이야기할까?
이번 장에서는 꾸란에서 이야기하는 여성에 대해 알아본다.

1. 남성과 동등한 위치에서의 여성

❀ 여자건 남자건 너희는 서로 동등하다. (3:195)

❀ 남자든 여자든 선한 일을 하는 자가 믿는 자이며, 그들은 낙원에 들어갈 것이다. (4:124 ; 40:40)

❀ 남자든 여자든 선한 일을 하는 자가 믿는 자이며, 우리는 그들에게 분명히 좋은 삶을 살게 할 것이다. (16:97)

❀ 믿는 자(남녀 무슬림 모두)들은 알라와 알라의 메신저(무함마드)가 결정한 일에 대해 선택이 아닌 복종해야 한다. (33:36)

❀ 무슬림 남성과 여성은 각각 다신교도(무쉬리쿤)와의 결혼이 금지된다. (2:221)

❀ 간통한 여자와 남자는 각각 100대씩 태형에 처하라. (24:2)

❀ 간통한 남자는 간통한 여자나 다신론자 여성 이외와는 결혼하지 못한다. 역시 간통한 여자는 간통한 남자나 다신론자 남성 이외와는 결혼하지 못한다. (24:3)

2. 여성을 보호하고 친절하게 대하라.

❀ 남자들은 여자들의 보호자이다. (4:34)

❀ 여성들을 친절로서 대하라.

→ 흉악한 잘못(죄)을 짓지 않는 한, 여인들을 부당하게 억류하며, 그들에게 준 것의 일부를 빼앗는 것은 적법하지 않다. 여인을 친절로서 대하라. (4:19)

❀ 죽은 남편의 아내들에게 양식을 주고 집에서 쫓아내지 말라.

→ 남편이 사망한 이후 그 남편의 재산을 상속한 사람은, 그 남편의 처들이 원치 않는 이상 그들을 집에서 쫓아내서는 안 된다. 또한 1년 동안 먹을 양식을 그 죽은 자의 처들에게 주어야 한다. (2:240)

✿ 무슬림 여성들이 해함(성적 피해)을 받지 않도록 '잘라비브(جلابيب)'를 하도록

하게 하라. (33:59)

→ 이 구절에서의 '잘라비브'는 일종의 베일 같은 '히잡(حجاب)'을 의미하는 것이고, '해함(피해)'은 뭇 남성들로부터의 성적 피해 즉 간음을 의미한다.
따라서 무슬림 남성들은 여성들에게 성적 피해 예방을 위해 히잡과 같은 잘라비브 착용을 명할 수 있고, 무슬림 여성 역시 보호 차원에서 잘라비브를 착용해야 하는 것이다.

✿ 월경 기간 동안엔 여인으로부터 멀리하라. (2:222)

3. 여성은 남성보다 못하다(열등하다).

✿ 알라는 남성들을 여성보다 더 우월하게 만들었다. (4:34)

✿ 부모의 유산 분배시 남자는 여자의 두 배의 몫을 갖는다. (4:11)

✿ 형제들 사이의 유산 분배에서 한 형제가 두 자매의 몫만큼 취한다. (4:176)

✿ 알라는 여자(배우자)를 남자에게로부터 만들었다. (4:1 ; 39:6)

✿ 무슬림 남성은 최대 네 명의 여성을 아내로 삼을 수 있다. (4:3)

→ 그러나 여성은 한 명의 남편만 둘 수 있다.

4. 여성은 남성의 성적 욕망의 대상이다.

✿ 여성(아내)은 남편의 성적인 경작지이다.

→ 너희들의 여자(처)들은 너희들에게 경작지(밭)이니 너희들이 원하는 때에 너희들이 원하는 방법으로 너희의 경작지(밭)에 가까이 하며, 너희 자신들을 위해 먼저 좋은 것을 하라. (2:223)

→ 위의 꾸란 구절은 부부사이의 성적인 관계와 관련된 표현으로, 성적으로 아내들은 그 남편의 경작지 즉 씨를 뿌리고 가꾸어야 할 밭과 같은 경작지라는 것이다.

❀ 낙원에서의 여성은 남성의 성적 욕망을 해결해 줄 대상이다.

→ 낙원에는 크고 사랑스러운 눈을 가진 정숙한 여인들(후루 아인=خُور عِين)이 낙원에 머물 남자들 곁에 있다. (56:22~24)

→ 대체로 이 후루 아인에 대해서는, 낙원에 있는 무슬림 남자들의 성적 욕망을 충족시키는 성적인 대상으로 이해한다.

❀ 여성은 남성으로 하여금 성적인 행위(간음)를 하도록 유혹시킬 수 있다.

→ 그래서 꾸란 33:59에서는 무슬림 여성들이 해함 즉 성적인 피해를 받지 않도록 일종의 베일(히잡)과 같은 '잘라비브(جلابيب)'를 하라고 말한다.

이것은 무슬림 남성들이 여성을 성적인 욕구를 해결할 대상으로 이해할 수 있다는 것을 의미한다.

따라서 무슬림들이 많은 지역을 여행하는 여성의 경우엔, 노출이 심한 짧고 딱 달라붙는 옷보다는 몸매를 어느 정도 가려줄 수 있는 헐렁하고 긴 옷을 입는 것이 좋다.

5. 여성(아내)을 폭력적으로 대하라.

❀ 여성(아내)을 집에 가두라.

→ 너희의 여자들이 흉악한 잘못의 죄(간통)를 범하였는데, 4명의 증인이 그것을 증거하고 당사자들이 인정할 경우, 죽을

무슬림 남편에 의해 염산 폭력을 당한 20대 여인과 딸

때까지 또는 알라께서 그녀들에게 또 다른 어떤 길을 주실 때까지 그녀들을 집 속에 가두라. (4:15)

❀ 여성(아내)에게 보복하라.

→ 너희들(무슬림 남성)의 아내들 중에서 불신자들에게 가버린 아내가 있다면 보복하라. (60:11)

❀ 복종할 때까지 여성(아내)을 가르치라. (4:34)

❀ 복종할 때까지 여성(아내)과 잠자리를 갖지 말라. (4:34)

❀ 복종할 때까지 여성(아내)을 때리라. (4:34)

→ 남편에게 거역하는 것으로 우려되는 여자들에 대해서는, 남편에게 복종할 때까지 그녀들을 가르치고, 그녀들의 침상에서 멀리하고(잠자리를 멀리하고), 그녀들을 때리라(اضربوهُنّ). (4:34)

☞ 아내에 대해 폭력을 사용할 것을 말하는 꾸란 4:34에서 아내를 때릴 수 있는 그 기준은, 아내가 남편에게 거역하고 불복종하는가 그렇지 않은가이다.

따라서 이 구절을 확대 해석하면, 아내는 남편의 말에 무조건 순종해야 하는데, 그렇지 않을 경우 때릴 수 있다는 것이다.

반면에 남편에게 순종하고 남편의 비밀을 지키는 여자(아내)는 덕망 있는 여성이라고 칭찬한다. (4:34)

일부 이슬람 학자들이나 성직자들의 경우, 위의 꾸란 구절 4:34를 구체적으로 확대 해석 적용하여, 다음과 같은 사유가 발생했을 시, 남편은 아내를 때릴 수 있다라고 주장한다.

"남편이 원치 않는 복장을 입었을 때, 남편의 허락 없이 외출했을 때, 기도하기 위해 부정한 몸을 씻으라고 남편이 말해도 거절했을 때, 합법적인 이유 없이 남편의 동침 요구를 거절했을 때" 등이다.

결국 꾸란에서는 아내에 대한 폭력 사용을 분명히 명령하고 있다고 할 수 있고, 아내를 때릴 수 있는 그 기준은 남편에게 순종하는가 그렇지 않은가임을 알 수 있다. 이는 무슬림 남편들로 하여금 자신이 원하면 언제든지 아내에게 폭력을 행사할 수 있는 꾸란적 근거를 제공하고 있다고 할 수 있다. 순종 여부에 대해 얼마든지 남편이 자의적으로 해석할 수 있기 때문이다.

6. 예언자(무함마드)의 아내들

❀ 예언자의 아내들은 이 세상의 세속적인 것들을 바라지 않고, 알라와 알라의 메신저(무함마드)와 최후의 집(낙원)을 바라며 선행을 해야 한다. (33:28, 29)

❀ 예언자의 아내들은 알라와 알라의 메신저(무함마드)에게 복종하고 선행을 행해야 한다. (33:31)

❀ 예언자의 아내들은 다른 남자들과 이야기할 때, 달콤한(유혹할 수 있는) 말 대신에 점잖은(좋은) 말을 해야 한다. (33:32)

❀ 예언자의 아내들은 집안에서도 사치스러운 치장으로 자신을 과시해서는 안 된다. 오히려 기도를 하고, 자카트(구빈세)를 내고, 알라와 알라의 메신저(무함마드)에게 복종하면서 스스로를 깨끗하게 해야 한다. (33:33)

☞ 지금까지 살펴본 바와 같이 꾸란에서는 남성과 동등한 관계의 여성의 위치를 말하는 구절들이 있다. 이것은 무함마드 당시의 일반적인 시대 상

황 즉 여성에 대한 인권이나 권익에 대한 것들이 지금처럼 많이 개선되지 않았던 약 1,400년 전의 시대를 고려하면, 상당히 진보적인 여성관이라고도 볼 수 있을 것 같다.

그럼에도 불구하고 꾸란에서 소개하는 여성에 대한 주된 시각은, 남성 우월적 시각임을 알 수 있다. 남성이 여성보다 우월하다는 기본 인식이 꾸란 전체에 깔려 있고, 그런 기본 인식 하에서 여성은 남성의 보호 아래 살아야 한다. 그리고 여성은 남성(남편)에게 복종해야 한다. 때문에 일반적으로 여성에 대한 주도권은 여성 본인이 아닌, 남성이 갖는다. 경제적으로도 결혼생활도 성적으로도 ….
심지어 남성은 여성이 원치 않더라도 여성에게 폭력을 행사할 수도 있다.
하지만 여성은 남성에 대해 주도권을 가질 수 없다.

결국 이슬람이 여성을 차별하고 억압한다는 주장도, 또 이슬람은 여성의 권익을 보호하고 남녀간의 평등을 주장한다는 주장도, 꾸란을 통해 보면 모두 그 근거를 가지고 있다. 따라서 어느 한쪽의 주장이 아닌, 꾸란은 여성의 권익을 보호하고 남녀간의 평등을 주장하면서, 동시에 여성에 대해 차별하고 비하하고 억압하기도 한다고 말하는 것이 정확하다 할 것이다.

제21장

꾸란에서 말하는
결혼과 이혼 및 부부생활

이번 장에서는 꾸란에서 말하는 결혼과 이혼 그리고 부부생활에 대해 알아본다.

1. 꾸란에서 말하는 결혼(زواج)

1) 무슬림이 결혼해서는 안되는 사람들

❀ 무슬림 남성과 여성은 각각 다신론자(무쉬리쿤)와의 결혼이 금지된다. (2:221)

❀ 모친, 딸, 누이, 고모, 이모, 조카딸, 유모, 장모, 양녀, 며느리, 기존의 아내와 같은 자매지간, 결혼하여 남편이 있는 여성 ⋯ 이런 여자들과는 결혼이 금지된다. (4:23, 24)

2) 무슬림이 결혼해도 되는 사람들

✽ 꾸란 2:221절과 4:23, 24에 따르면 무슬림 남성은 이들 꾸란 구절에서 특별히 금한 대상이 아닌 이상, 유아나 어린이 그리고 초경을 하지 않은 미성년 여자들을 포함하여 누구와도 결혼 할 수 있다고 볼 수 있다. (65:1, 4 ; 4:24)

→ 이 꾸란 구절에 따라 이슬람 사회에서는 미성년자와의 조혼 풍습이 있는 것이 현실이다.

3) 이혼한 여성의 재혼

✽ 이혼한 여인의 재혼은 월경 3주기(3개월) 동안 기다려야 한다. (2:228)

4) 네 명까지 결혼해도 된다.

✽ "만약 너희가 고아들과의 거래에서 정당할 수 없으리라고 우려할 때는, 너희가 동의할 수 있는 다른 여인들, 또는 셋 또는 넷과 결혼하라. 그러나 부인들에게 공평하게 대해줄 수 없을 것 같으면 한 여자와 결혼하라. (4:3)"

→ 꾸란 4:129에서도 남자(남편)가 아무리 아내들에게 공평하게 대해주기를 원하더라도, 그렇게 할 수 없다고 말하면서 일부일처를 선호하는 듯한 말을 한다. 그러면서도 4명까지의 부인을 두는 일부다처를 허용하고 있다.
또한 꾸란 4:24에서는 자기 재산으로 여자에게 지참금을 주고 결혼을 할 수 있다고 말한다. 그러면서 결혼을 여성에 대한 구제의 성격과 연결하여 더 적극적으로 일부다처제로서의 결혼을 허용한다.

☞ 꾸란에서 말하는 결혼은 결국 무슬림들의 결혼에 대한 이야기이다.
꾸란에서는 무슬림들에게 무슬림과 결혼할 것을 말한다. 그래서인지 지금도 무슬림이 비무슬림과 결혼을 할 경우엔, 비무슬림이 이슬람으로 개종하든지, 무슬림이 되든지를 요구하는 이슬람 국가들과 무슬림들이 많다. 무슬림 남성이 아내를 네 명까지 둘 수 있도록 허용하는 일부다처제를 지지한다. 그러나 무슬림 여성이 네 명까지의 남편을 두는 것에 대해서는 말하지 않는다. 여성은 한 명의 남편만 둘 수 있도록 하고 있다.

이것은 결국 꾸란에서 말하는 무슬림의 결혼은 남성 중심의 결혼임을 의미하는 것으로 이해할 수 있다.

꾸란에서 말한 대로 4명의 부인을 둔 무슬림 남편

2. 꾸란에서 말하는 이혼(ق لاَط)

❀ 이혼은 2회에 걸쳐 표명할 수 있다. 그 후엔 이혼을 하거나 보류할 수 있다.
   (2:229)

❀ 악의적으로 남편이 이혼을 보류하는 것은 죄이다. (2:231)

→ 이슬람에서의 이혼은 이혼당하는 부인에 대해 소위 이혼 합의금을 주어야 한다. 그런데 남편이 이 이혼 합의금을 주기 싫어서 고의적으로 이혼을 미루는 것을 꾸란에서는 '악의적'이라고 말하면서 죄라고 말한다.

✿ 부부 사이의 합의 이혼을 막지 말라. (2:232)

→ 이혼에 대해 부정적인 면이 강한 성경과는 달리, 꾸란은 합의 이혼 같은 이혼에 대해 인정할 뿐 아니라 관대한 편이다.

✿ 무슬림 남성이 이혼할 때에는 일정한 정해진 기간, 즉 3개월이 지난 후에 해야 한다. (65:1, 4)

→ 그 3개월 동안 이혼하고자 하는 아내가 이전에 월경을 했던 임신 가능한 성인이었다면, 정해진 3개월 동안 월경을 하는지 하지 않는지 살펴서, 만약 월경을 하지 않은 상태 즉 임신 상태이면, 출산할 때까지는 이혼할 수 없다.
또 이혼하고자 하는 아내가 아직 초경을 하지 않은 성적으로 미성년 상태인 경우에도, 곧장 이혼을 할 수 있는 것이 아니라, 3개월이란 정해진 기간 동안 임신 여부를 살펴서, 만약 임신을 했다면 출산 이후에 이혼할 수 있다. 그러나 임신 상태가 아니라면, 정해진 3개월이 지나면 이혼할 수 있다.

✿ 불신자 여성과의 관계(혼인관계)를 지속하지 말라. (60:10)

→ 이 꾸란구절의 의미는, 불신자 아내와 이혼하라는 것이다.

☞ 위에서 살펴본 바와 같이 꾸란에서는 무슬림의 이혼을 금하지 않는다. 오히려 이혼을 보장해주기까지 한다.

이혼 역시 무슬림 남성이 주도권을 가지고 있음을 볼 수 있다. 남성은 먼저 아내에게 이혼을 표명할 수 있다. 그러나 여성은 먼저 이혼을 표명할 수 없다.

꾸란은 기본적으로 이혼과 관련하여 여성(아내)을 약자로 본다. 그래서 이혼을 먼저 표명한 남편이 이혼당하는 아내에게 위자료 성격의 이혼 합의금을 주게 한다. 이것은 이혼당한 이후, 여성의 삶이 경제적으로 비참해지지 않게 하기 위한 방편이라 할 수 있다.

3. 꾸란에서 말하는 부부생활

1) 아내와 성관계를 해서는 안 되는 때

✿ 라마단 기간 동안 이슬람 사원에서 예배를 드리는 동안엔 성관계를 갖지 말아야 한다. (2:187)

✿ 아내가 남편에게 거역(불복종)하는 것으로 우려될 때는 아내와 성관계를 갖지 말라. (4:34)

✿ 생리(월경) 기간 동안엔 여인으로부터 멀리하라. (2:222)

2) 아내와 성관계를 해도 되는 때

✿ 라마단 기간 중이라도 금식이 끝나고 식사를 할 수 있는 밤중엔 자신의 처와 성관계를 가져도 된다. (2:187)

✿ 특별히 금지된 때가 아닌 모든 날

→ 너희들의 여자(처)들은 너희들에게 경작지(밭)이니 너희들이 원하는 때에 너희들이 원하는 방법으로 너희의 경작지(밭)에 가까이 하며, 너희 자신들을 위해 먼저 좋은 것을 하라. (2:223)

✿ 아내와 성관계를 갖지 않겠다고 맹세했을 때의 4개월

→ 자신의 여자(아내)에게 가지 않겠다고 맹세한 사람들은 4개월을 기다려야 한다. 그러나 그들의 여자(아내)에게 돌아가더라도 알라께서는 확실히 용서해주시고 자비를 베풀어 주신다. (2:226)

→ 위의 꾸란 구절에서 "자신의 여자에게 가지 않겠다"라는 표현의 의미는, 성적인 관계 중단을 의미한다. 즉 자기의 아내와 4개월간 성적인 관계를 중단하겠다고 맹세한 사람이 중도에 그 맹세를 포기하고 자기 아내와 성적인 관계를 갖더라도, 그것은 죄가 되지 않으며, 알라께서는 용서해주시고 자비를 베풀어 주신다는 의미이다.

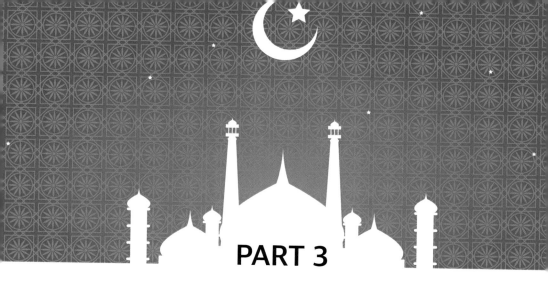

PART 3

인물별로
알아보는
꾸란

"모든 예언은 정해진 시기가 있어서 그 예언을 알 수 있게 된다. (꾸란 6:67) 나(알라)는 특별한 목적을 가지고 선지자들을 선택하였으며, 그들은 가장 선한 사람들이다. (꾸란 38:46, 47)"

꾸란에는 여러 인물들에 대한 기록들이 있다. 꾸란에서 소개되고 있는 인물들 중에서는, 성경에 등장하는 인물들과 동일 인물들도 여럿 있다. 그런데 그 동일인물들에 대한 꾸란과 성경에서의 기록들이 모두 일치하지는 않고 서로 다른 기록들도 많이 있는 것을 보게 된다.

예를 들면 성경에서는 예수에 대해 '하나님의 아들'이라고 기술하고 있는 반면에, 꾸란에서는 알라에게는 아들이 있을 수 없으며, 따라서 예수는 인간 '마리아의 아들'일 뿐이라고 기록하고 있다.
이런 서로간의 차이 때문에 사람들에 따라 어떤 사람은 성경의 '예수'와 꾸란의 '아이사=이사'는 서로 다른 별개의 인물이라고 주장하기도 한다.

따라서 본서 '3부 인물별로 알아보는 꾸란' 편에서는, 꾸란에서 소개되고 있는 여러 인물들 중에서, 성경에서도 소개되고 있는 동일 인물로 추정되는 사람들을 중심으로, 서로 비교하면서 그에 대한 기록들을 기술하려 했다.

제1장
꾸란에서 말하는 아담 (آدم)

알라께서 맨 처음 창조한 인간을 꾸란에서는 '아담'이라고 한다. 성경에서도 첫 인간을 '아담'이라고 부른다.

3부 인물별로 알아보는 꾸란편의 첫 번째 장에서는 꾸란에서 말하는 '아담'에 대해 알아본다.

1. 아담은 알라에 의해 창조되었다.

🌼 아담은 알라의 두 손으로 흙을 이용해 창조되었다. (38:75, 76)

🌼 아담은 먼지로 만들어졌다. (3:59)

🌼 아담은 진흙으로 만들어졌다. (17:60)

🌼 알라는 한 영혼(정신, 자아)으로부터 남자(아담)를 창조하시고 그의 아내를 창조하셨다. (4:1)

☞ 성경에서는 하나님께서 흙으로 하나님의 형상을 따라 사람(아담)을 만

들고, 그의 코에 생명의 기운(생기)을 불어넣어 생명체가 되게 하셨다고 기록하고 있다. (창세기 1:26, 27 ; 2:7)

2. 아담은 알라로부터 선택받았다.

✤ 아담은 알라로부터 선택받았다. (3:33)

✤ 아담은 칼리파(خليفة)로 임명되었고, 그의 칼리파 임명에 대해 천사들이 놀라워했다. (2:30, 31)

→ 칼리파(خليفة)란 알라의 대리자, 계승자를 말한다.

✤ 모든 천사들은 "아담을 경배하라(اسجد)"는 알라의 명령을 받고, 모두 아담을 경배했다. 그러나 이블리스(사탄)만은 진흙으로 창조된 아담에게 경배하기를 거부했다. (17:61, 62 ; 2:34 ; 7:11, 12 ; 15:29~34 ; 20:116)

→ 왜냐하면 이블리스는 진흙으로 창조된 아담보다는 불(fire)로 창조된 자신이 더 위대하다고 생각했기 때문이다.
그러나 성경에는 위의 꾸란 구절들에서 소개하는, 즉 하나님께서 모든 천사들에게 아담을 경배하라고 명령했고, 그중 사탄이 그 명령을 거부했다는 일련의 내용에 대해 어떤 기록도 남기지 않았다.

✤ 아담은 알라로부터 창조된 피조물들에 대한 지식을 부여받고, 피조물들의 이름을 천사들에게 알려주었다. (2:31~33)

→ 성경에서는 아담이 모든 살아있는 짐승들의 이름을 지어주었다고 기록한다. 그러나 아담이 그 짐승들의 이름을 천사들에게 알려주었는지에 대해서는 밝히지 않고 있다.

3. 아담과 낙원

❀ 아담과 그의 아내는 낙원(جَنَّة)에서 살았다. (2:35)

  → 성경에서는 아담과 그의 아내 하와가 에덴 동산에서 살았다고 한다. (창세기 2, 3 장)

❀ 아담은 한 나무에만은 가까이 가지 말라는 명을 받았다. (2:35 ; 7:20)

  → 성경에서는 위의 한 나무가 '선과 악을 알게 하는 나무'라고 소개한다. (창세기 2:17)

❀ 아담은 사탄의 속임수에 넘어가 벌거벗은 부끄러움을 알게 되어, 나뭇잎으로 자신을 가렸다. (7:22~26 ; 20:120, 121)

  → 성경에서는 위의 나뭇잎을 '무화과나무 잎'이라고 소개한다. (창세기 2:7)

❀ 사탄은 아담과 그의 부인 하와를 미혹하여, 그들이 있던 곳(낙원)에서 쫓겨나게 했다. (2:36)

4. 아담의 두 아들들

❀ 아담에게는 두 아들이 있었다. (5:27)

  → 그러나 꾸란에서는 아담의 처음 두 아들의 이름이 무엇인지 구체적으로 기록하고 있지는 않다. 단지 '아담의 두 아들'이라고만 기록하고 있다. 따라서 꾸란에서는 아담의 두 아들들의 이름을 알 수 없다.

  반면에 성경 창세기 4장에서는 아담의 첫 두 아들들의 이름을 각각 '가인'과 '아벨'이라고 구체적으로 밝히고 있다.

❀ 아담의 두 아들들은 각각 알라께 제물을 바쳤다. 그러나 한 아들의 제물은 받아들여졌지만, 다른 한 아들의 제물은 받아들여지지 않았다. (5:27)

→ 성경에 따르면, 가인은 밭을 가는 농부이고 땅에서 거둔 곡식을 주님께 제물로 바쳤다. 아벨은 양을 치는 목자로서 양 떼 가운데서 맏배의 기름기를 주님께 제물로 바쳤다. 주님께서는 아벨과 그가 바친 제물은 반기셨으나, 가인과 그가 바친 제물은 반기지 않으셨다. (창세기 4:2~5)

❀ 아담의 두 아들들 중 알라께 드린 제물이 받아들여지지 않은 아들은 그의 다른 형제를 죽이기로 하고 결국 죽이고 만다. (5:27~30)

→ 성경에 따르면, 주님께 드린 제물이 받아들여지지 않은 아들은 가인이다. 그리고 가인이 그의 동생 아벨을 죽였다. (창세기 4:8)

❀ 자기 형제를 죽인 아담의 아들은, 알라께서 죽은 형제의 시체를 숨기는 방법을 가르치시기 위해 보낸 땅을 헤집고 있는 까마귀를 보고, 자신의 행동을 후회하게 되었다. (5:31)

→ 성경에는 아담의 첫 두 아들들과 관련하여 위 꾸란 구절에서 소개하는 것과 같은 까마귀 이야기는 없다.

아담의 두 아들들중 한 아들이 다른 아들을 죽인 후, 땅을 헤집고 있는 까마귀를 보고 있다.

5. '하디스'에서 소개하는 아담의 가족들

성경에서는 아담뿐 아니라 그의 가족들에 대한 이야기 역시 많이 소개되고 있다(창세기 2~5장).

그러나 꾸란에서는 아담의 가족들과 관련된 이야기가 많지 않다. 또 그의 가족들의 이름 역시 밝히지 않고 있다. 단지 아담의 아내, 아담의 아들 등으로 소개하고 있을 뿐이다. 때문에 꾸란에서는 아담의 가족들에 대한 정보를 얻기 힘들다.

반면에 꾸란이 아닌 '하디스'에서는 아담의 가족들에 대해 더 많은 정보들을 얻을 수 있다.

'하디스'에서는 아담의 가족들에 대해 이렇게 소개한다.

> "하와는 두 차례에 걸쳐서 쌍둥이를 낳았는데, 처음에는 가인과 그의 쌍둥이 여동생을 낳았고, 나중에는 아벨과 그의 쌍둥이 여동생을 낳았다.
>
> 후에 이들은 장성하여 각자의 배우자를 원하게 되었고, 알라는 아담에게 계시하여 가인에게는 아벨의 쌍둥이 여동생을 아내로 주었고, 아벨에게는 가인의 쌍둥이 여동생을 부인으로 삼도록 하셨다.
>
> 하지만 가인은 이러한 알라의 뜻에 복종하기를 거부했다. 동생 아벨의 짝이 자신의 짝보다 더 예뻤기 때문이다. 결국 가인은 알라의 뜻을 거스르고 동생 아벨의 짝을 자신의 아내로 삼기로 결심했다. 아름다운 아내를 얻기 위해 두 형제는 서로 화목하지 않고 서로 원망하고 미워하게 되었다.

알라는 아담을 통해 두 형제의 갈등을 해결할 방법으로 가인과 아벨에게 알라께 제사를 드리도록 했고, 누구의 제물이 알라의 마음에 흡족한지에 따라 본인이 원하는 여자를 아내로 삼을 수 있도록 했다.

아벨은 낙타를, 가인은 밀을 받쳤다. 알라는 아버지의 뜻을 따르지 않고 진심으로 제물을 드리지도 않은 가인의 제물 대신, 아벨의 제물을 받으셨다.

가인은 이런 결과에 대한 분노와 원한으로 결국 동생 아벨을 죽이게 됨으로서, 지구상의 인류 중 첫 번째 범죄자가 되었고, 동생 아벨은 첫 번째 살해당한 자가 되었다."

제2장
꾸란에서 말하는 에녹^(이드리스)

아랍어 성경에서 에녹은 '아크누크(أخنوخ)'라고 한다. 그리고 꾸란에서는 '아크누크'라는 이름은 등장하지 않는다. 그런데 이슬람 측의 주된 주장에 따르면 꾸란에서 '이드리스(ادريس)'라고 소개하고 있는 선지자가 바로 성경 창세기 5:21~24에 소개되고 있는 에녹과 동일 인물이라고 한다.

그러나 이슬람 측의 주장처럼 확실히 서로 동일인물인지는 확신할 순 없다. 하지만 여기서는 이슬람 측의 이 주장을 따라서 꾸란의 이드리스가 성경의 에녹이라고 가정하고, 꾸란에서 기술하고 있는 에녹에 대해 정리한다.

꾸란에서 소개하는 에녹(이드리스)에 대한 정보는 꾸란 19장과 21장 두 곳에서 발견할 수 있다.

✿ 에녹(이드리스)은 성경에 소개되고 있다. (19:56)

✿ 에녹(이드리스)은 진실한 사람이었다. (19:56)

✿ 에녹(이드리스)은 의로운 사람이었다. (21:86)

✿ 에녹(이드리스)은 선지자였다. (19:56)

✿ 알라께서는 에녹(이드리스)을 높은 장소(위치)로 올리셨다. (19:57)

✿ 에녹(이드리스)은 인내하는 사람이었다. (21:85)

✿ 알라께서는 에녹(이드리스)에게 자비를 베풀었다. (21:86)

☞ 성경은 창세기 5장 21~24절에서 '에녹'에 대해 이렇게 소개한다.

"65세에 '므두셀라'를 낳은 후, 300년 동안 하나님과 동행하면서 아들 딸을 낳았다. 에녹은 이 지상에서 총 365년을 살았으며, 하나님과 동행하다가 하나님께서 그를 데려가심으로 사라졌다."

제3장
꾸란에서 말하는 노아^(누흐)

성경의 노아를 아랍어 꾸란에서는 '누흐'라고 한다. 꾸란의 '누흐'를 알아보자.

1. 노아(누흐=نوح)는 알라가 세운 선지자이다. (3:33)

2. 노아는 믿음을 가진 알라의 종이었다. (37:81)

3. 알라는 노아에게 계시를 주셨다. (4:163)

4. 노아는 그의 백성에게 회개하고 알라에게 돌아오라는 경고의 메시지를 전했다. (7:59 ; 10:71~73 ; 11:25, 26 ; 23:23 ; 71:1~20)

5. 백성이 노아를 거부하고 배척했다. (7:65 ; 10:73 ; 11:27 ; 23:24 ; 26:111 ; 54:9 ; 71:6~13, 21)

6. 노아는 그의 백성들에게 알라의 경고를 전하면서 '미친 사람'과 '내쫓긴 사람', '거짓말쟁이' 취급을 받았다. (7:64 ; 54:9 ; 23:25, 26 ; 26:105, 117 ; 11:27)

7. 사람들은 방주를 만드는 노아를 조롱하며 비웃었다. (11:38)

8. 노아에게 백성들이 형벌을 보여줄 것을 요구했다. (11:32)

9. 노아는 그의 백성들에게 알라의 경고를 전하다가 살해 위협을 받았다. (26:116)

10. 노아는 알라로부터 방주를 만들라는 명을 받았다. (11:37 ; 23:27)

11. 노아의 백성들에게 홍수의 형벌이 내려지고, 노아는 알라의 말씀을 따르지 않고 외면한 자들을 제외한 나머지 그의 가족들과 소수의 믿는 자들 그리고 필요한 모든 종류의 동물들 암컷과 수컷 각각 1마리 즉 한 쌍씩을 방주에 싣도록 명을 받았다. (11:40, 41 ; 23:27)

12. 방주 안은 가득 찼다. (26:119)

13. 알라께서는 노아를 배척한 백성들을 물에 빠뜨려 죽게 함으로써(21:77 ; 25:37), 인류를 위한 징표로 삼았다. (25:37)

14. 노아의 아들 중 한 명이 방주로 들어오라는 아버지 노아의 말을 거절하면서, 자신은 자기를 구해줄 산으로 피할 것이라며 완고하게 불순종하며 고집을 부리다가 결국 물에 휩쓸려 죽고 만다. (11:42, 43)

  → 성경에는 아버지 노아의 말을 듣지 않아 결국 홍수 심판으로 죽임을 당한 아들에 대한 이야기가 없다.

15. 노아는 물에 떠내려가 익사한 아들을 위해 알라께 기도를 드린다. 그리고 알라는 노아의 죽은 아들을 위한 중보 기도에 대해 "그(노아의 익사한 아들)는 너의 가족이 아니며, 진실로 불의를 행하는 인간이니, 더 이상 죽은 아들과 관련하여 묻지 말라"고 말한다. (11:45, 46)

  → 그러나 성경에는 아버지 노아의 말을 듣지 않아 결국 홍수 심판으로 죽임을 당한 아들에 대한 이야기가 없다.

16. 노아의 아내는 알라의 의로운 종인 노아를 섬기면서도 그에게 불성실하게

행동함으로써, 알라에 의해 지옥 불 속으로 들어갔다. (66:10)

→ 그러나 성경에는 지옥 불 속에 들어간 노아의 아내에 대한 이야기가 없다.

17. 알라께서는 노아와 그의 가족들을 큰 재앙과 고통으로부터 구하셨다.
    (21:76 ; 37:76)

18. 알라께서는 노아와 그와 함께 방주 속에 있던 자들을 구원하여, 모든 사람
    들에 대한 징표로 삼았다. (29:15)

19. 방주는 주디(الْجُودِيِّ)산에 머물렀다. (11:44)

→ 성경에 따르면, 노아의 방주는 '아라랏 산'에 머물렀다. (창세기 8:4)

20. 노아는 50년을 제외한 천년(1,000년) 즉 950년을 살았다. (29:14)

→ 성경에서도 노아가 홍수 이후에도 350년을 더 살아, 총 950년을 살았다고 기록하
    고 있다. (창세기 9:28, 29)

☞ 위에서 살펴본 바와 같이 꾸란에서 소개하는 노아는 성경에서 소개하
는 노아와 비슷한 면이 많다.

가장 큰 차이점으로는 꾸란은 성경에 없는 이야기, 즉 노아에게 불순종하
다가 결국 홍수 심판때 물에 휩슬려 익사한 아들이 있었고, 그의 부인은
알라를 섬기면서도 남편에게 불성실하여 결국 지옥 불 속에 들어갔다고
하는 것이다.

꾸란에서 소개하는 방주에 타지 않은 노아의 아들

제4장
꾸란에서 말하는 욥^(아이윱)

성경의 '욥'을 꾸란에서는 '아이윱'이라고 한다. 꾸란의 '아이윱'에 대해 알아보자.

1. 알라께서는 욥(아이윱=أيوب)에게 계시를 주셨다. (4:163)

2. 욥은 사탄으로부터 고난과 고통을 받으며, 알라께 도움을 구했다. (38:41)

3. 욥은 고통(괴로움) 속에서 알라께 자비를 구했고, 알라께서는 욥의 기도를 듣고 그에게서 고통을 없애주셨다. (21:83, 84)

4. 알라께서는 욥의 간구를 들으시고, 시원한 닦을 것과 마실 것을 주셨다. (38:42)

5. 알라께서는 욥의 인내를 보셨고, 욥은 알라로부터 훌륭한 종이란 평가를 받았다. (38:44)

6. 알라께서는 욥에게 가족을 주셨다. (21:84 ; 38:43)

7. 알라께서는 욥을 의로운 길로 인도하셨다. (6:84)

☞ 위에서 살펴본 것과 같이 욥에 대한 이야기는 꾸란이나 성경이나 크게 다르지 않다. 다만 꾸란에서의 욥에 대한 이야기는 성경에서처럼 구체적으로 기술되어 있지는 않다. 하지만 욥이 사탄으로부터 고난을 받으면서도 주님에 대한 그의 믿음을 버리지 않고 끝까지 지킨 결과, 주님으로부터 다시 복을 받게 되는 것은 동일하다.

제5장

꾸란에서 말하는 아브라함^(이브라힘)

성경의 아브라함을 꾸란에서는 '이브라힘'이라고 한다. 꾸란의 '이브라힘'에 대해 알아보자.

1. 알라에게 선택 받은 아브라함

❁ 아브라함(이브라힘=ابراهيم)은 알라로부터 선택받았다. (3:33)

❁ 알라께서는 아브라함에게 계시를 주셨다. (4:163)

❁ 아브라함은 온화하고 상냥하며 알라를 따르는 자였다. (11:75)

❁ 아브라함은 진실한 사람이고 예언자이다. (19:41)

❁ 알라께서는 아브라함이 올바른 길로 인도되고 확실한 신앙을 가질 수 있도록, 아브라함에게 하늘과 땅의 왕국을 보여주셨다. (6:75)

　　→ 성경에는 하나님께서 아브라함에게 하늘과 땅의 왕국을 보여주셨다는 문자적 기록이 없다. 단지 자식이 없어 고민하는 아브라함에게 하늘의 별들을 보여주며, 아

브라함의 자손이 하늘의 별처럼 많아질 것이라고 말씀하시고 아브라함과 언약을 맺으신 내용이 있다. (창세기 15장)

2. 아브라함과 우상 숭배자 아버지

✿ 아브라함의 아버지 이름은 '아자르(آزر)'이고, 그(아자르)는 우상 숭배자였다. (6:74)

→ 성경에서는 아브라함의 아버지 이름을 '데라(תרח)'라고 기록하고 있다. (창세기 11:27)

✿ 아브라함은 우상을 숭배하는 아버지가 우상을 버리고 알라께 돌아오도록 하기 위해 아버지를 설득했다. (19:42~45)

✿ 아브라함은 끝까지 우상 숭배를 고집하는 아버지가 우상 숭배를 버리고 알라께 온전히 돌아오도록, 아버지를 위해 알라께 중보 기도했다. (19:47, 48)

✿ 아브라함의 설득에도 불구하고 아브라함의 아버지 아자르는 우상 숭배를 계속할 것임을 밝혔다. 뿐만 아니라 아들 아브라함이 아버지가 섬기던 우상 숭배를 거부하면, 아들 아브라함을 돌로 칠 것이며, 아브라함과의 관계를 끊어버릴 것이라고 경고했다. (19:46)

☞ 성경에는 아브라함의 아버지 데라와 관련된 이야기가 많지 않다. 단지 데라의 족보와 관련된 이야기와 데라가 유프라테스 강 건너에 살면서 다른 신들을 섬긴 것과, 205년을 살다가 하란에서 죽었다는 정도이다. (창세기 11:24~32외 ; 여호수아기 24:2)
따라서 위와 같이 아브라함이 그의 아버지 데라(아자르)와 신앙 문제로 갈등을 겪고 있었다는 꾸란의 주장은 성경을 통해서는 확인이 어렵다.

3. 우상들을 산산조각으로 부수어버린 아브라함 (21:57~71)

✿ 아브라함은 백성들이 섬기던 우상들 중 우두머리 급 우상을 제외한 나머지 우상들을 산산조각 부수어버렸다.

✿ 자기들이 섬기던 우상들이 산산조각 부수어져 있는 것을 본 백성들은, 우상들을 부순 사람이 누구인지 찾게 되고, 부수어버린 사람이 아브라함이란 것을 알게 된다.

✿ 그리고 백성들은 자기들의 우상들을 부수어버린 사람이 아브라함인지 아닌지를 아브라함에게 확인한다.

✿ 백성들의 질문에 아브라함은 즉답을 하지 않는다. 그리고 백성들에게 아직 부수지 않고 남겨 둔 우상들의 우두머리들이 멀쩡하게 있으니, 그들에게 누가 우상들을 부수었는지 물어보라고 말한다. 그 우두머리 우상들이 말을 할 수 있다면, 답을 해 줄 거라는 것이다.

✿ 백성들은 자기들의 우상들이 말을 할 수 없음을 잘 알고 있었다. 그러면서도 끝까지 아브라함에게 도전하며 악행을 저질러, 아브라함을 불에 태워 죽이고 그들의 우상들을 구하려 한다.

✿ 알라께서는 아브라함을 불에 태워 죽이려는 백성들의 악행 가운데서 아브라함을 안전하게 구원하여 축복의 땅으로 인도하셨다.

☞ 꾸란 21:57~71의 이야기와 비슷한 이야기가 37:83~99에서도 소개되고 있는데 그 내용을 살펴보면 이러하다.

"알라로부터 선지자로 부름을 받은 아브라함은 그의 아버지와 백성들에게 가서, 알라를 무시하며 거짓된 우상들을 섬기는 짓을 멈추고 알라께 돌아올 것에 대해 경고한다.

그러나 아브라함의 아버지와 백성들은 아브라함의 경고의 말을 무시하고 떠나버린다.

아버지와 백성들이 자기 곁을 떠나버리자, 아브라함은 아버지와 백성들이 신이라고 믿는 우상들에게 다가가서 '너희들은 먹지 않느냐? 왜 말이 없느냐?'라고 말한다. 그리고 그 우상들을 오른손으로 때리기 시작한다.

그것을 알게 된 백성들은 급히 아브라함에게 돌아온다. 돌아온 백성들에게 아브라함은 '너희는 너희 자신이 새긴 것을 예배하느냐? 알라께서는 너희와 너희가 만든 것 모두를 창조하셨다'라고 말한다.

이에 백성들은 화가 나서 아브라함을 불 속에 던져 태워 죽이려 한다. 알라께서는 아브라함을 죽이려는 백성들의 이러한 사악한 음모로부터 구하여 주셨다."

☞ 또 위의 꾸란 내용 즉 아브라함이 그의 아버지와 고향 사람들과 함께 생활할 때, 우상들을 부숴버렸고, 그 사건과 관련하여 백성들이 아브라함을 죽이려 했다는 이야기는 성경에서는 찾아볼 수 없는 이야기들이다.

4. 아브라함에게 이삭 출생 예고를 한 사람들

❀ 롯이 살던 곳을 심판하기 위해 가던 사람들은 알라의 메신저들(رُسُل)이었다. (11:69)

→ 성경에서는 그들을 '세 사람들'이라고 표현하면서 동시에 '주님'이라고 표현하고 있다. (창세기 18장)

❀ 아브라함은 기쁨의 소식 즉 아브라함과 그의 부인 사이에 아들(이삭)이 태어날 것을 알리는 알라의 메신저들(ﺭﺳﻞ)에게, 구운 살진 송아지 고기를 대접했다. (11:69 ; 51:26)

→ 성경에 따르면, 아브라함은 그와 그의 부인(사라) 사이에 아들(이삭)이 태어날 것을 알리는 세 사람들(주님)에게, 엉긴 젖과 우유와 하인이 만든 송아지 요리를 대접했다. (창세기 18:8)

❀ 아브라함은 알라의 메신저들에게 지식을 가진 아들이 태어날 것이라는 기쁜 소식을 들었다. (51:28) 그러나 아브라함의 아내는, 그녀가 아들을 낳을 것이라는 소식을 들었을 때 그 말을 믿지 않았다. (51:29)

5. 아들을 제물로 바치는 아브라함 (37:100~113)

아들을 제물로 바치는 아브라함

아브라함이 그 아들을 제물로 바친 사건과 관련하여, 성경에서는 아브라함이 이삭을 제물로 바쳤다고 한다.

반면에 이슬람 측에서는 아브라함이 이스마엘을 제물로 바쳤다고 한다.

과연 꾸란에서는 이 사건과 관련하여 어떻게 기술하고 있을까? 이런 저런 학자들의 해석이 아닌, 꾸란 자체가 기술하고 있는 것을 정리하면 다음과 같다.

- ❀ 아브라함이 알라께 선한 자(의로운 자)를 자기에게 달라고 구한다. (37:100)
- ❀ 알라께서는 아브라함의 요구를 들으시고 아브라함에게 '관대하고 참을 성 있는 아들(غلام حليم)'에 관한 기쁜 소식을 준다. (37:101)
- ❀ 알라께서 아브라함에게 주신 그 아들이 성장하여 아버지 아브라함과 함께 일할 수 있는 나이가 되었을 때, 아브라함은 자신의 꿈에서 그의 아들을 제물로 바치는 것을 보게 된다. (37:102)
- ❀ 아브라함은 자신의 꿈에서 본 내용을 그의 아들에게 이야기한다. 그리고 그의 아들은 아버지 아브라함에게 "알라의 뜻이라면 자신은 인내할 것이니, 알라께 명령 받은 대로 행하라"고 말한다. (37:102)
- ❀ 알라의 뜻에 따라 아브라함은 그의 아들을 제물로 잡으려고 한다. (37:103)
- ❀ 바로 그 순간 알라께서는 아브라함을 불러, "네가 그 환상(계시)을 이행했다"라고 말하면서, 그에 대한 보답이 있을 것을 말한다. (37:104, 105)
- ❀ 알라께서는 "아들을 제물로 바치라고 한 것은 아브라함에 대한 명확한 시험이었다"고 말씀하신다. 그리고 그 시험을 통과한 아브라함에게, 알라께서는 위대한 희생으로 그를 속죄하여 주었다. (37:106, 107)
- ❀ 알라께서는 아브라함에 대해 후세대에게도 지속되게 하셨다. (37:108)
    - → 즉 이 말은 알라의 시험에 대한 아브라함의 신실함, 즉 본이 되는 신앙을, 후대에게도 계속해서 전해지게 하셨다는 의미이다.

✿ 알라에 대한 아브라함의 믿음을 확인하신 알라께서는 아브라함에게 알라에 대해 신실한 자 중의 하나인 선지자 '이삭(اسحق)'에 대한 소식을 전하여 주셨다. (37:112)

→ 이 꾸란 구절에서 "알라에 대해 신실한 자 중의 하나인 선지자 '이삭(اسحق)'에 대한 소식"은, 위의 꾸란 구절 외 19:49과 29:27 등을 고려할 때, 이삭의 출생에 대한 소식이 아니라, 이삭이 알라의 선지자(예언자)로 택함받았음을 의미하는 소식이라 할 수 있다.

✿ 알라께서는 아브라함과 이삭에게 복을 내려주셨다. (37:113)

☞ 이상의 내용이 꾸란에서 소개하고 있는 아브라함이 그의 아들을 알라께 제물로 바치는 사건과 관련된 이야기이다.
위의 꾸란 내용에서는 아브라함과 이삭은 등장하나, 이스마엘은 등장하지 않는다. 즉 꾸란에서 소개하고 있는 아브라함이 그의 아들을 제물로 드리는 사건은 이스마엘과는 상관없는 이야기란 것을 알 수 있다.

오히려 꾸란 역시도 창세기 22장의 성경의 기록처럼, 아브라함이 이삭을 제물로 바쳤음을 암시하는 것으로 이해할 수 있다.

그러나 여전히 이슬람 측에서는 아브라함이 알라께 제물로 바친 아들이 '이스마엘'이라고 주장한다. 그리고 매년 이 사건을 기념하며 명절(희생절)로 지키며 양을 잡는다.
하지만 그들의 그런 주장엔 구체적인 꾸란적 근거가 없다.

6. 하니프 무슬림인 아브라함

✿ 아브라함은 유대교인도 기독교인도 아니며 다신론자(무쉬리쿤)도 아닌, 오

직 유일신 알라만을 신으로 섬기고 따른 '하니프(حَنِيف) 무슬림'이었다. (3:67)

→ 그러나 성경에서는 아브라함의 종교가 무슬림이었다고 말하지 않는다.

✿ 아브라함은 알라 이외의 다른 신들을 말하는 다신론자(무쉬리쿤)가 아니었고, 항상 알라만 경배한 '하니프' 신앙인이었다. (3:95, 67 ; 2:135 ; 4:124 ; 6:79, 161 ; 10:105 ; 16:120~123 ; 30:30)

✿ 아브라함의 신앙은 올바른 길이요 올바른 종교인 하니프 종교였다. (6:161)

7. 아브라함과 카으바(الْكَعْبَة)

꾸란에서는 알라께서 기도와 예배의 중심지로 특별히 한 장소를 택하셨다고 말한다. 바로 그 장소가 '카으바'이다. 그리고 알라께서는 아브라함에게 이 카으바와 관련하여 특별히 말씀하셨다고 소개하고 있다. 현재 카으바는 이슬람 기도와 예배의 중심지로, 사우디아라비아 메카에 위치하고 있다.

그러나 성경에 따르면, 하나님께서는 아브라함에게 기도와 예배의 중심지로 특별히 꾸란의 '카으바' 같은 정해진 한 장소를 지정해 주신 적이 없다. 때문에 꾸란에서 소개하는 아브라함과 카으바 관련 이야기들을 성경에서는 확인할 수 없다. 단지 아브라함은 이리저리 거처를 옮겨 다니면서, 그때 마다 그가 거처하는 곳에서 하나님께 제단을 쌓고 예배를 드렸다.

이 카으바와 관련하여 꾸란에서는 아브라함과 연관지어 기술하고 있다. 꾸란에서 아브라함과 연관지어 기술하고 있는 카으바 관련 꾸란 구절들은 2:122~129 ; 14:35~41 ; 3:96, 97 ; 22:26~29 등이 있다.

그 내용을 구체적으로 살펴보면 다음과 같다.

1) 꾸란 2:122~129

✤ 알라께서는 '그 집'을 사람들을 위한 안식처와 안전한 장소로 만드셨다.
(2:125)

→ 여기서 '그 집(البيت)'이란 '카으바'를 말한다.

✤ 알라께서는 아브라함의 자리를 택하여 '기도의 장소'로 삼으셨다. (2:125)

→ 여기서 '기도의 장소'란 '카으바'를 말한다.

✤ 알라께서는 아브라함과 이스마엘에게 '알라의 집'을 왕래하고, 그곳에 남아 헌신하고, 그 안에서 엎드려 기도하는 자들을 위해 '알라의 집'을 깨끗하게 하라는 명령을 내리셨다. (2:125)

→ 여기서 '알라의 집'이란 '카으바'를 말한다.

✤ 아브라함은 '알라의 집(카으바)'이 있는 그 도시가 평화의 도시가 되게 해달라고 기도했다. (2:126)

✤ 아브라함과 이스마엘은 '알라의 집(카으바)'의 기석(주춧돌)을 올려놓고, 자신들을 받아달라고 알라께 기도했다. (2:127)

✤ 아브라함은 자신과 그의 자손들이 알라께 복종하도록 기도하면서 알라의 자비를 구했다. (2:128)

❀ 아브라함은 자기들에게 경배 방법을 알려달라고 알라께 기도했다. (2:128)

2) 꾸란 14:35~41 (아브라함의 중보기도와 카으바)

❀ 아브라함은 카으바가 위치할 도시(지역)가 평화의 도시가 되게 해달라고 알라께 기도했다. (14:35)

❀ 아브라함은 자신과 자기의 자녀들이 우상 숭배하지 않도록 알라께 기도했다. (14:35)

❀ 아브라함은 아브라함을 따르는 자들과 따르지 않는 자 모두를 위해 알라께 기도했다. (14:36)

❀ 아브라함은 그의 자녀들의 일부를 '신성한 주님의 집(بَيْتِكَ الْمُحَرَّم)' 가까이에 있는 메마른 골짜기에 정착시켜 기도를 준수하도록 하였다. (14:37)

→ 꾸란 14장 37절에서 아브라함은 문자적으로 '카으바'라는 단어를 사용하지는 않는다. 다만 '신성한 주님의 집(بَيْتِكَ الْمُحَرَّم)'이란 표현을 사용하고 있다. 하지만 이 '신성한 주님의 집(بَيْتِكَ الْمُحَرَّم)'이 '카으바'를 말하는 것이라는 데는 이견이 없다.

❀ 아브라함은 나이 많은 노인의 시기에 '이스마엘'과 '이삭'을 주시며 자신의 기도를 들어주신 알라께 감사의 찬양을 올려드렸다. (14:39)

→ 성경에서는 아브라함의 나이 86세 때 이스마엘이 태어났고(창세기 16:16), 100세 때 이삭이 태어났다고 한다(창세기 21:5).

❀ 아브라함은 자신과 그의 자녀들이 기도를 준수하도록, 그리고 자신의 그런 기도를 받아달라고 알라께 기도했다. (14:40)

❀ 아브라함은 '결산이 있는 날'에 자신과 자신의 부모와 믿는 자들을 용서해 달라고 알라께 기도했다. (14:41)

→ 위의 꾸란 14:41에서 '결산이 있는 날(يَوْمَ يَقُومُ الْحِسَاب)'이란 '최후 심판의 날'을 의미한다.

3) 꾸란 3:96, 97

⚜ 아브라함은 모든 사람들을 위한 축복과 인도가 충족하게 흘러 넘치는 메카에 모든 사람들을 위해 '최초의 집(أَوَّلَ بَيْتٍ)'을 세우라는 명을 받았다. 그곳이 아브라함의 장소이다.

→ 위의 '최초의 집(أَوَّلَ بَيْتٍ)'은 '카으바'를 말한다.

⚜ '최초의 집'에 들어오는 사람은 안전하다.
⚜ '최초의 집'을 순례하는 것은 알라에 대한 인간의 의무이다.

4) 꾸란 22:26~29

⚜ 알라께서는 '그 집'의 장소를 아브라함을 통해 정해주셨다. (22:26)

→ 여기서 '그 집(الْبَيْتِ)'이란 '카으바'를 말한다.

⚜ 아브라함은 알라로부터 '내 집(카으바)'를 깨끗하게 하라는 명령을 받았다. (22:26)
⚜ 카으바 순례 명령을 인간에게 선포하라는 알라의 명을 받았다. (22:27)

8. 꾸란에서 언급하고 있는 아브라함에 대한 그 밖의 이야기들

① 아브라함은 알라의 가까운 친구이다.

→ 아브라함은 알라께 완전히 복종하며 선을 행하고 거룩한 자로 믿음에서 그보다 더 나은 자가 없다. 알라께서는 그를 알라의 가까운 친구 즉 벗으로 취하셨다. (4:125)

② 알라께서는 아브라함에게 성경을 주셨다. (29:27 ; 87:18)
③ 알라께서는 아브라함의 후손들 중에서 선지자들이 나오게 하셨다. (29:27)

④ 알라께서는 아브라함으로부터 서약(계약)을 받았다. (33:7)

⑤ 아브라함은 그의 백성들에게 알라를 예배하고 경외할 것을 말했다. (29:16)

⑥ 알라께서는 아브라함과 이삭에게 은혜를 주시고 그 은혜를 온전케 하셨다.
  (12:6)

⑦ 알라께서는 아브라함과 롯을 알라께서 복되게 한 땅으로 구원하셨다.
  (21:71)

⑧ 알라께서는 아브라함에게 이삭을 주시고, 손자로 야곱을 주셨다. 그리고 이
  들 모두를 알라를 위한 의인으로 만드셨다. (21:72)

⑨ 알라께서는 아브라함과 이삭과 야곱을 알라의 명령에 따라 사람들을 인도
  하는 '이맘들(종교지도자=اﻷﻧﻤﺔ)'로 삼으셨다. (21:73)

⑩ 알라께서는 아브라함과 이삭과 야곱에게 좋은 일을 행하고 기도를 준수하
  며 '구빈세(자카트=زكوة)'를 내도록 하셨다. (21:73)

⑪ 아브라함과 이삭과 야곱은 으뜸가는 손과 시선을 가진 알라의 종이다.
  (38:45)

⑫ 알라께서는 백성들에게 사후의 세계를 알리려는 특별한 목적을 가지고, 아
  브라함과 이삭과 야곱을 선택하셨다. (38:46)

  → 성경에 따르면, 하나님께서 아브라함을 선택한 이유는 아브라함이 그의 자식들과
    자손을 잘 가르쳐서, 하나님께 순종하게 하고, 옳고 바른 일을 하도록 가르치게 하
    기 위함이다. (창세기 18:19)

⑬ 아브라함과 이삭과 야곱은 알라에게 선택된 가장 선한 사람들이다. (38:47)

☞ 위에서 살펴본 바와 같이 아브라함과 관련하여 꾸란은 성경에는 없는

아브라함과 그의 아버지와 백성들 사이의 신앙적 갈등과 같은 이야기들이

소개되고 있다.

또 아브라함과 그의 아들들과 관련해서도 이스마엘보다 이삭과 관련된 이

야기들이 더 많이 소개되고 있음을 볼 수 있다.

뿐만 아니라, 아브라함이 제물로 바친 아들이 이스마엘이라고 주장하는 이슬람 측의 주장은 꾸란에 근거한 것이 아님을 알 수 있다. 오히려 꾸란은 아브라함이 이삭을 제물로 바쳤음을 암시하고 있다.

제6장
꾸란에서 말하는 롯^(루뜨)

성경의 '롯'을 꾸란에서는 '루뜨'라고 한다. 꾸란의 '루뜨'에 대해 알아보자.

1. 롯(루뜨)은 알라께 선택받은 무슬림이다.

⚙ 알라께서는 롯(루뜨=لوط)을 선택하셨다. (6:86)

⚙ 롯은 무슬림이었다. (51:36)

→ 성경에는 롯이 무슬림이었다는 기록이 없다.

2. 롯은 알라로부터 보냄받고 백성들에게 회개를 외쳤다.

⚙ 롯은 알라로부터 보냄 받았다. (7:80)

⚙ 롯은 백성들에게 동성애(남색= رجال شَهوة)는 누구도 이 세상에서 행하지 아니한 미운 짓이라고 말하며, 그것으로부터 돌이킬 것을 말했다. (7:81 ; 26:165 ; 27:55 ; 29:29)

3. 롯은 알라로부터 보냄 받은 메신저들을 만났다.

✿ 롯은 알라로부터 보냄 받은 메신저들(ﷺ)로부터 "롯의 부인을 제외한 나머지 가족들은 구원할 것이라"는 말을 들었다. (29:32, 33)

→ 성경에 따르면, 하나님께로부터 보냄 받아 롯이 살던 지역을 심판하기 위해 온 이들은, 두 명이고 그들은 천사들이었다. 그리고 그 두 천사들은 꾸란에서처럼 "롯의 부인을 제외한 나머지 가족들을 구원할 것이라"고 말한 적이 없다.

✿ 롯은 알라의 메신저들(ﷺ)로부터 "아침이 되기 전 즉 밤 사이에 가족들을 데리고 그가 살던 곳을 떠나되, 누구도 뒤돌아보지 말라"는 말을 들었다. (11:81)

→ 롯이 살던 곳의 이름이 무엇인지에 대해서 성경에서는 '소돔'이라고 구체적으로 언급하고 있다. 그러나 꾸란에서는 그 지역의 이름을 구체적으로 언급하고 있지는 않다.

4. 롯의 아내가 뒤를 돌아봄으로 심판을 받았다.

✿ 그러나 롯의 아내는 뒤를 돌아봄으로써 심판을 받게 되었다. (11:81)

→ 성경에서는 뒤를 돌아본 롯의 아내가 받은 심판의 내용이 '소금 기둥'으로 변한 것임을 말한다.
그러나 꾸란에서는 성경에서 언급하고 있는 것과 같이 '소금 기둥'으로 변한 이야기는 없고, 대신에 롯이 살던 지역의 불순종한 사람들이 받은 그 징벌, 즉 돌 덩어리로 심판 받았음을 말한다. (11:82)

✿ 롯의 아내는 알라의 의로운 종인 롯을 섬기면서도, 그에게 불성실하게 행동함으로써 알라에 의해 지옥 불 속으로 들어갔다. (66:10)

→ 꾸란은 롯의 아내가 노아의 아내와 같이, 지옥 불 속으로 들어갔는데, 그 이유는 그녀가 남편에게 불성실하게 행동했기 때문이라고 말한다. (66:10)
그러나 성경에서는 롯의 아내가 남편에게 불성실해서 지옥에 갔다는 내용이 없다.

5. 진흙 돌 덩어리 심판이 롯이 살던 지역에 내렸다.

✿ 아침이 되고 알라의 지시에 따라 롯이 살던 지역에 심판이 내리게 되는데, 진흙으로 된 돌 덩어리들이 비처럼 내려 롯이 살던 지역을 뒤집어 엎었다. (11:82 ; 51:33)

→ 롯이 살던 곳에 내린 심판의 내용이 '돌 덩어리 심판'이라고 말하는 꾸란과는 달리, 성경에서는 '유황과 불'이 소나기처럼 내린 심판이었다고 기록하고 있다. (창세기 19:24)

6. 알라께서 롯을 구원하셨다.

✿ 알라께서는 아브라함과 롯을 알라께서 복되게 한 땅으로 구원하셨다. (21:71)

✿ 알라께서는 롯에게 지혜와 지식을 주셨으며, 혐오스러운 행위를 하던 도시로부터 구원하셨다. (21:74)

✿ 알라께서는 롯에게 자비를 베풀어주셨고, 그는 의인이었다. (21:75)

☞ 성경에서는 하나님께서 롯을 심판으로부터 구원하여 주신 이유를 아브라함 때문이라고 말한다. (창세기 19:29)

이것은 창세기 18장에서 소개하는 소위 6차례에 걸친 아브라함의 중보기도 즉 조카 롯과 그의 가족들이 살고 있던 소돔을 위해 간절히 중보했던 아브라함 때문에 롯을 살려주셨음을 의미한다.

심판을 받은 롯의 아내

제7장

꾸란에서 말하는
이스마엘^(이스마일)

성경의 '이스마엘'을 꾸란에서는 '이스마일'라고 한다. 꾸란의 '이스마일'에 대해 알아보자.

1. 이스마엘은 알라의 메신저이자 선지자이다.
 ۞ 알라께서는 이스마엘(이스마일=اسمعيل)을 선택하셨다. (6:86)
 ۞ 이스마엘은 알라의 메신저(رسول)이자 선지자(نَبِيّ)이다. (19:54)
 ۞ 이스마엘은 가장 선하신 분으로부터 왔다. (38:48)

2. 이스마엘과 카으바
성경에는 이스마엘의 '카으바(알라의 집)' 관련 내용이 없다. 그러나 꾸란에서는 주로 카으바와 연관하여 이스마엘을 이야기하고 있다.

🌼 알라께서는 이스마엘(이스마일=اسمعيل)에게 계시를 주셨다. (4:163)
🌼 알라께서는 아브라함과 이스마엘에게 '알라의 집'을 왕래하고, 그곳에 남아 헌신하고, 그 안에서 엎드려 기도하는 자들을 위해 '알라의 집'을 깨끗하게 하라는 명령을 내리셨다. (2:125)

→ 여기서 '알라의 집'이란 '카으바'를 말한다.

🌼 아브라함과 이스마엘은 '알라의 집(카으바)'의 기석(주춧돌)을 올려놓고, 자신들을 받아달라고 알라께 기도했다. (2:127)
🌼 이스마엘은 그의 아버지 아브라함으로부터 신성한 집(카으바) 가까이에 있는 메마른 골짜기에 정착하여 기도를 준수하라는 말을 들었다. (14:37)

3. 이스마엘은 하니프 신앙인이다.

🌼 이스마엘은 그의 아버지 아브라함처럼 유일신 알라만을 섬기는 '하니프' 신앙인이었다. (2:133)

4. 이스마엘은 알라를 기쁘시게 한 의로운 사람이었다.

🌼 이스마엘은 자기 약속을 지키는 데 신실했다. (19:54)
🌼 이스마엘은 그의 백성들에게 기도와 자선을 하도록 명령했고, 그의 주님을 기쁘시게 했다. (19:55)
🌼 이스마엘은 인내하는 사람이었다. (21:85)
🌼 알라께서는 이스마엘에게 자비를 베풀었다. (21:86)
🌼 이스마엘은 의로운 사람이었다. (21:86)

제8장
꾸란에서 말하는 이삭(이스학)

성경의 '이삭'을 꾸란에서는 '이스학'이라고 한다. 꾸란의 '이스학'에 대해 알아보자.

1. 알라는 아브라함에게 이삭을 주셨다.

❀ 알라께서는 아브라함에게 이삭(이스학=إسحق) 출생에 대한 기쁜 소식을 주셨다. (37:112)

❀ 알라께서는 아브라함에게 이삭을 주시고, 이삭을 알라를 위한 의인으로 만드셨다. (21:72)

2. 이삭은 알라에게 선택된 알라의 종(선지자)이다.

❀ 알라께서는 백성들에게 사후의 세계를 알리려는 특별한 목적을 가지고, 아브라함과 이삭과 야곱을 선택하셨다. (38:46)

❀ 아브라함과 이삭과 야곱은 알라에게 선택된 가장 선한 사람들이다. (38:47)

❀ 알라께서는 이삭을 알라를 위한 선지자로 삼았다. (19:49)

❀ 알라께서는 아브라함과 이삭과 야곱을 알라의 명령에 따라 사람들을 인도하는 '이맘들(종교지도자= أَئِمَّة)'로 삼으셨다. (21:73)

❀ 아브라함과 이삭과 야곱은 으뜸가는 손과 시선을 가진 알라의 종이다. (38:45)

❀ 알라에 대한 아브라함의 믿음을 확인하신 알라께서는 아브라함에게, 알라에 대해 신실한 자 중의 하나인 선지자 '이삭(اسحق)'에 대한 소식을 전하여 주셨다. (37:112)

→ 이 꾸란 구절에서 "알라에 대해 신실한 자 중의 하나인 선지자 '이삭(اسحق)'에 대한 소식"은, 위의 꾸란 구절 외 19:49과 29:27 등을 고려할 때, 이삭의 출생에 대한 소식이 아니라, 이삭이 알라의 선지자(예언자)로 택함받았음을 의미하는 소식이라 할 수 있다.

3. 알라께서는 이삭에게 계시를 주셨고, 선행과 기도와 자카트를 명했다.

❀ 알라께서는 이삭에게 계시를 주셨다. (4:163)

❀ 알라께서는 아브라함과 이삭과 야곱에게 좋은 일을 행하고 기도를 준수하며 '구빈세(자카트= زكوة)'를 내도록 하셨다. (21:73)

→ 성경에는 하나님께서 이삭에게 구빈세(자카트)를 내도록 했다는 기록이 없다.

4. 이삭은 알라로부터 은혜와 복을 받았다.

❀ 알라는 이삭에게 복을 주셨다. (37:113)

❀ 알라께서는 아브라함과 이삭에게 은혜를 주시고 그 은혜를 온전케 하셨다. (12:6)

❀ 알라께서는 이삭을 올바른 길로 인도하셨다. (6:84)

5. 이삭은 유일하신 알라만을 예배했다. (2:133)

제9장
꾸란에서 말하는 야곱^(야으꿉)

성경의 '야곱'을 꾸란에서는 '야으꿉'이라고 한다. 꾸란의 '야으꿉'에 대해 알아보자.

1. 야곱은 알라의 선택을 받았다.

❁ 알라께서는 백성들에게 사후의 세계를 알리려는 특별한 목적을 가지고, 아브라함과 이삭과 야곱(야으꿉=يعقوب)을 선택하셨다. (38:46)

❁ 아브라함과 이삭과 야곱은 알라에게 선택된 가장 선한 사람들이다. (38:47)

2. 야곱은 알라의 종^(선지자)이다.

❁ 알라께서는 야곱을 알라를 위한 선지자로 삼았다. (19:49)

❁ 알라께서는 아브라함과 이삭과 야곱을 알라의 명령에 따라 사람들을 인도하는 '이맘들(종교지도자=أئمّة)'로 삼으셨다. (21:73)

❁ 아브라함과 이삭과 야곱은 으뜸가는 손과 시선을 가진 알라의 종이다. (38:45)

❁ 알라께서는 아브라함에게 손자로 야곱을 주셨고, 야곱을 알라를 위한 의인

으로 만드셨다. (21:72)

3. 알라께서는 야곱에게 계시를 주셨고, 선행과 기도, 자카트를 명했다.

❀ 알라께서는 야곱에게 계시를 주셨다. (4:163)

❀ 알라께서는 아브라함과 이삭과 야곱에게 좋은 일을 행하고 기도를 준수하며 '구빈세(자카트=زكوة)'를 내도록 하셨다. (21:73)

　→ 성경에는 하나님께서 야곱에게 구빈세(자카트)를 내도록 했다는 기록이 없다.

4. 야곱은 알라만을 예배하며, 그의 자녀들에게도 그렇게 하라고 했다.

❀ 야곱은 유일하신 알라만을 예배했다. (2:133)

❀ 야곱은 그의 아들들에게 알라께 복종할 것을 말했고(2:131, 132), 야곱의 아들들은 그의 아버지에게 "우리는 아버지의 조상이신 아브라함과 이스마엘과 이삭의 알라이시며 아버지의 알라이신 유일하신 그분을 예배하고, 그분께 복종하겠습니다"라고 답변했다. (2:133)

5. 알라께서는 야곱을 올바른 길로 인도하셨다. (6:84)

제10장
꾸란에서 말하는 요셉^(유숲)

보통 꾸란에 등장하는 선지자들의 경우, 그 정보들이 여기 저기 여러 수라(장)에 흩어져 있다. 때문에 어떤 한 선지자에 대해 알기 위해서는 꾸란 전체에 흩어져 있는 정보들을 일일히 찾아 확인해야 한다. 그러나 요셉의 경우엔, 그리 하지 않아도 될 정도로, 그 정보가 '요셉의 장'이란 곳에 집중되어 있다.

따라서 이 '요셉의 장'을 통해 꾸란에서 소개하는 요셉이 어떤 사람인지 알수 있다. 성경의 '요셉'을 꾸란에서는 '유숲'라고 한다. 꾸란의 '유숲'에 대해 알아보자.

1. 요셉(유숲=يوسُف)은 11개의 별들과 해와 달이 자기에게 절하는 (경배하는) 환상(رُؤْيَا)을 보았고, 그 환상을 아버지에게 말했다. (12:4)

→ 성경 창세기 37:9에서는 요셉이 '환상(vision=رُؤْيَا)'이 아닌 '꿈(dream=خُلم)'에서 해와 달과 11개의 별들이 자기에게 절하는 것을 보았다고 기록하고 있다.

2. 요셉으로부터 요셉이 본 환상의 내용을 들은 요셉의 아버지
   는 요셉에게 형제들이 음모를 꾸밀 수 있으니, 그 환상을 형제
   들과 관련시키지 말라고 말했다. (12:5)

   → 꾸란은 요셉이 자신이 본 환상의 내용을 형제들에게 말하기 이전에, 먼저 아버지
   에게 말했다고 기록하고 있다. 또한 환상의 내용을 들은 아버지는 요셉이 다른 형
   제들로부터 어려움을 당할까 걱정이 되어, 형제들과 관련시키지 말라고 좋게 당부
   한 것처럼 기록하고 있다.
   반면에 성경 창세기 37:10에서는 요셉으로부터 꿈 내용을 들은 사람이 아버지인
   야곱 혼자만이 아닌, 요셉의 다른 형제들도 함께 들었다고 기록하고 있다. 또한 요
   셉으로부터 꿈 내용을 들은 아버지 야곱은 요셉을 꾸짖었다고 기록하고 있다.

3. 요셉의 배다른 이복형제들은 더 강한 자기들(형제들)보다 요셉
   과 그의 형제를 더 사랑하는 그들의 아버지가 잘못하고 있다
   고 생각했다. (12:8)

   → 꾸란에서는 요셉의 아버지가 다른 아들들보다 요셉과 그의 형제를 더 사랑했다고
   기록하고 있다. 하지만 요셉과 함께 아버지로부터 다른 형제들보다 더 사랑을 받
   은 요셉의 형제가 누구인지에 대해서는 구체적으로 언급되고 있지 않다.
   반면에 성경 창세기 37:4에 따르면, 꾸란과는 달리 아버지 야곱이 다른 아들들보
   다 더 사랑한 아들은 요셉 한 사람이었음을 말한다. 성경을 참고하여 살펴보면, 꾸
   란에서 말한 아버지로부터 다른 형제들보다 더 사랑을 받은 요셉의 형제는 '베냐
   민'을 의미하는 것으로 생각된다. 성경에서는 요셉과 베냐민이 아버지 야곱과 어머
   니 라헬 사이에서 태어난 친형제지간이라 말한다. 그리고 나머지 10명의 다른 형
   제들은 아버지는 동일하나, 어머니는 다르다고 기록하고 있다.

4. 요셉의 이복형제들은 요셉에게 기울어져 있는 아버지의 사랑
   을 자신들에게로 돌리기 위해, 요셉을 죽이거나 먼 곳으로 쫓
   아내버리기로 계획한다. (12:9)

   → 성경 창세기 37:20에서는, 요셉의 이복형제들이 요셉을 죽여서 아무 구덩이에나
   던져 넣고, 사나운 들짐승이 잡아먹었다고 말하자고 했던 것으로 기록하고 있다.

5. 그러자 요셉의 이복형제들 중 하나가 요셉을 죽이지 말고, 대
   신 '우물 바닥'에 던지자고 말했다. (12:11)

→ 꾸란에서는 요셉을 죽이지 말고 '우물 바닥(الْجُبِّ غَيَبَتَ)'에 던지자고 말한 요셉의 이복형제가 누구인지에 대해서는 기록하고 있지 않다.
반면에 성경 창세기 37:21, 22에 의하면 요셉을 안전하게 아버지에게 되돌려 보낼 생각으로 요셉을 죽이지 말고 들판에 있는 '구덩이'에 던져 넣기만 하자라고 말한 요셉의 이복형제는 '르우벤'이다.

6. 요셉의 이복형제들은 요셉을 해할 음모를 꾸민 후, 자기들이 요셉을 잘 보살필 것이니, 요셉을 데리고 자기들이 가는 곳으로 함께 갈 수 있게 해달라고 그들의 아버지를 설득했다. 그리고 그들이 요셉을 데리고 가는 것을 아버지가 허락하자, 요셉을 데리고 나갔다. 그 후 이복형제들은 요셉을 '우물 바닥(الْجُبِّ غَيَبَتَ)'에 빠뜨리기로 합의하고 실제로 그대로 실행했다.

(12:10~15)

→ 성경 창세기 37:24에 의하면 요셉의 이복형제들은 물이 비어있는 '구덩이 (pit=בור=히브리어로 보르)'에 요셉을 던졌다.
참고로 히브리어 '보르(בור)'는 '구덩이, 우물, 저수조' 등의 의미를 갖고 있기 때문에, 꾸란에서 '우물'이라고 기록한 것이나, 한글성경에서 '구덩이'로 번역한 것 모두 같은 의미로 이해할 수 있을 것이다.

7. 요셉을 우물 바닥에 빠뜨린 요셉의 이복형제들은 저녁이 되자 거짓 피를 묻힌 요셉의 옷을 가지고 아버지에게 가서 울면서, 늑대(ذِئْبُ)가 요셉을 잡아먹었다고 거짓말을 했다. (12:16~18)

→ 성경 창세기 37:25~35에 의하면, 요셉을 구덩이에 던져 넣어버린 이복형제들은 밥을 먹다가 때마침 낙타에 향품과 유향과 몰약을 싣고 이집트를 향해 가던 이스마엘(미디안) 상인 한 떼를 발견하게 되었다.
그때 요셉의 이복형제들 중 하나인 '유다'가 다른 형제들에게 "요셉을 죽이지 말고 차라리 이스마엘 사람들에게 팔아 넘기자"고 제안하게 되고, 다른 형제들은 유다의 제안을 받아들여, 은 20냥에 요셉을 팔아버린다. 그리고 상인들은 요셉을 이집트로 데리고 갔다.
나중에 요셉의 이복 형제들 중 가장 큰 형인 '르우벤'은 요셉을 구하기 위해 구덩이로 갔지만, 요셉이 없어진 것을 알고 슬퍼하며 그의 옷을 찢었다.
요셉을 팔아버린 요셉의 이복형제들은 숫염소 한 마리를 죽인 후, 가지고 간 요셉의 옷에 숫염소의 피를 묻혔다. 그런 후 아버지에게 피 묻은 요셉의 옷을 가지고 가서 "우리가 이 옷을 주웠습니다. 이것이 아버지의 아들의 옷인지 잘 살펴보십시오"라고 말했다. 아버지는 그 피 묻은 옷이 요셉의 옷임을 알아본 후, 요셉이 사나운 들짐승에게 잡아 먹힌 것으로 알고 크게 슬퍼하며 여러 날을 울었다.

8. 지나가던 대상들이 물을 긷기 위해 우물에 두레박(물통)을 내
렸다가, 우물 속에 있는 요셉을 발견하고는, 요셉을 물건(상품)
취급하며 몇 푼의 돈을 받고 즉 싼 값으로 이집트에서 온 사
람에게 팔아버렸다. (12:19~21)

→ 꾸란에서는 요셉을 팔아버린 사람들은 요셉의 이복형제들이 아니라, 지나가던 대
상들이라고 기록하고 있다.
반면에 성경은 요셉의 이복형제들이 요셉을 지나가던 상인들에게 팔았다고 기록
하고 있다.

또 꾸란에서는 지나가던 대상들이 어떤 사람들인지에 대해 언급이 없다.
반면에 성경에서는 구체적으로 그들이 미디안 지역의 이스마엘 상인들이라고 기
록하고 있다.

뿐만 아니라 요셉이 팔려나간 값에 대해서도 꾸란은 몇 푼의 돈 즉 헐값에 팔렸다
고 기록하고 있다.
반면에 성경은 구체적으로 은 20냥이라고 기록하고 있다.

9. 요셉을 산 이집트 사람은 그의 부인에게 요셉이 편안히 머물
수 있도록 잘 보살펴주라고 말했다. (12:21) 그리고 요셉을 산
그 이집트인의 이름은 '아지즈(عزيز)'였다. (12:30)

→ 성경 창세기 39:1에서는 요셉을 산 이집트인은 바로의 신하인 경호대장 '보디발'이
라고 기록하고 있다.

10. 알라께서는 요셉이 성장하자(성인이 되자), 그에게 지혜(حكما)와
지식(علما)을 주셨다. (12:22)

11. 요셉을 산 이집트인의 아내가 요셉을 유혹했고(12:23~32), 요셉
은 그녀의 유혹을 거부하며 방문 밖으로 도망가는 도중에
그 여인이 요셉의 옷을 뒤에서 잡으면서, 요셉의 옷이 찢어졌

다. (12:23~25)

→ 꾸란에서는 요셉의 주인인 이집트인(아지즈)의 아내가 요셉을 유혹했고, 그것을 거부하며 도망치다가, 그 주인의 아내가 요셉의 옷을 뒤에서 잡으면서, 요셉의 옷이 찢어졌다고 기록하고 있다.
성경 창세기 39:7~13에서도 요셉을 산 이집트인 보디발의 아내가, 요셉을 날마다 끈질기게 유혹하며 성적 관계를 요구하자, 요셉은 그것을 거부했다고 기록하고 있다. 그리고 어느 날 보디발의 아내가, 요셉의 옷을 붙잡고 성적 관계를 하자고 조르자, 요셉은 자신의 옷을 그녀의 손에 버려 둔 채, 뿌리치고 집 바깥으로 뛰쳐나갔다고 기록하고 있다.
이 내용과 관련하여 성경과 꾸란의 차이라면, 꾸란에서는 요셉의 옷이 찢어졌다고 기록하고 있는 반면, 성경에서는 찢어졌다는 언급이 없다. 대신에 요셉의 옷을 잡고 있는 보디발의 아내에게서, 요셉이 탈출하기 위해, 그가 입고 있던 옷을 버려둔 채 튀어나갔다는 것이다.

12. 방문을 사이에 두고 요셉과 이집트인의 아내 사이에 벌어진 사건을, 그 여자의 남편인 이집트인이 보게 되자, 요셉을 유혹한 그 이집트인의 아내는, 자신의 잘못을 요셉에게 뒤집어 씌웠다. 그리고는 요셉이 자신에게 악한 짓을 행하려 했으니 요셉을 벌하라고 말했다. (12:25)

→ 성경 창세기 39:7~18에 의하면, 요셉을 산 이집트인 보디발의 아내가, 요셉을 날마다 끈질기게 유혹하며 성적 관계를 요구하자, 요셉은 그것을 거부했다. 그리고 어느 날 보디발의 아내가 요셉의 옷을 붙잡고 성적 관계를 하자고 조르자, 요셉은 자신의 옷을 그녀의 손에 버려 둔 채, 뿌리치고 집 바깥으로 뛰쳐나갔다. 이에 보디발의 아내는 종들과 그녀의 남편 보디발에게, 요셉이 그녀를 농락하려 했다며 요셉에게 누명을 뒤집어 씌웠다.

13. 요셉은 주인(아지즈)에게, 자신을 유혹한 후 그 잘못을 뒤집어 씌운 이집트인 주인의 아내가 잘못이고, 자신은 무죄하다고 말했다. (12:26)

14. 요셉의 항변을 듣고 있던 집안의 한 증인이, 요셉과 주인 아지즈의 아내 중 누가 잘못한 것인지 가려낼 방법을 제안했다. 그 제안에 따라 확인해보니, 주인 아지즈의 아내가 잘못

했다는 것을 알게 되었다. (12:26~28)

→ 성경에서는 위의 부분과 관련된 내용을 언급하고 있지 않는다. 오히려 집주인 보디발이 아내로부터 일방적인 이야기를 들었고, 그로 인해 화가 나서 요셉을 감옥에 가두었다고 기록하고 있다. (창세기 39:19, 20)

15. 요셉을 유혹한 후 누명을 씌운 이집트인 주인 아지즈의 아내와 그녀와 함께한 여인들은, 다시 한 번 더 요셉에게 자기들의 요구(성적 관계)를 들어줄 것을 말했다. 그러나 요셉이 또 거부하자 결국 요셉을 감옥에 가두어 버렸다. (12:32~35)

→ 성경에서는 위의 내용과 관련된 언급이 없다. 그리고 요셉을 감옥에 가둔 것은 보디발의 아내가 아니라, 요셉의 주인인 '보디발'이었다고 기록하고 있다. (창세기 39:20)

16. 요셉은 다른 청년 두 명과 함께 투옥되었는데, 그 두 청년들이 각각 자신들이 본 것을 요셉에게 말해주면서, 그것을 해석해달라고 요청했다. 그 두 청년들 중 한 명은 술(الْخَمْر=wine)을 짜고 있는 자신의 모습을 보았다. 또 다른 청년 한 명은 자신이 빵(الْخُبْز=bread)을 머리에 이고 가는데, 새들이 와서 그 빵을 먹어버리는 것을 보았다. (12:36)

→ 위의 꾸란 구절을 한국이슬람중앙회에서 사용하는 최영길 번역의 『성꾸란 의미의 한국어 번역』에서는, 요셉과 함께 감옥에 갇히게 된 두 청년이 꿈을 꾸었다고 번역하고 있다.
그러나 이 구절과 관련하여 꾸란 아랍어 원본에는 '꿈'과 관련된 어휘가 없다. 단지 두 청년들이 각각 "나를 보았다(أَرَانِي)"라는 즉 자신들의 모습을 보았다고 기록하고 있다. 두 청년들이 꿈에서 자신들의 모습을 본 것인지, 환상 가운데서 본 것인지, 아니면 또 다른 형태로 본 것인지에 대해 구체적으로 밝히고 있지 않다.

반면에 성경에서는 구체적으로 꿈을 꾼 것이라고 기록하고 있다. (창세기 40:5)
위의 내용과 관련하여 성경 창세기 40장에서는, 요셉과 함께 감옥에 갇히게 된 두 사람에 대해 좀 더 구체적으로 기록하고 있다.

"그 두 사람은 모두 이집트의 왕인 바로의 신하들로서, 한 명은 바로에게 술잔을 올리는 시종장이고, 또 다른 사람은 빵을 구워 올리는 시종장이었다.

그런데 그 두 시종장들이 바로에게 잘못을 하게 되었고, 바로는 화가 나서 경호대장 보디발의 집 안에 있는 감옥 즉 요셉이 갇혀 있던 그 감옥에, 두 시종장들을 가두게 되었다. 감옥에서 요셉은 바로의 경호대장이면서 그의 주인이던 보디발의 명에 따라, 그 두 시종장들의 시중을 들게 되었다.

그리고 그 두 시종장들은 같은 날 꿈을 꾸게 되었다. 술잔을 올리는 시종장은, 자기 손에 들려있던 바로의 잔에다가 자기 앞에 있던 포도나무의 열매를 취하여, 그 즙을 짜서 바로에게 주는 꿈을 꾸었다.

빵을 구워 올리는 시종장은, 바로에게 줄 온갖 구운 빵들을 제일 위에 있는 바구니에 담고, 다른 두 바구니와 함께 총 세 개의 바구니를 자기 머리 위에 이고 있었는데, 새들이 바로에게 줄 빵들이 있는 제일 위의 바구니 안에서 빵들을 먹어버린 꿈을 꾸었다."

17. 요셉은 두 청년들이 본 것들을 해석해주면서, 그 두 청년들에게 알라의 명령이라면서 더 이상 우상들을 섬기지 말고, 오직 아브라함과 이삭과 야곱의 유일하신 알라만을 경배할 것을 말했다. (12:37~41)

→ 위의 꾸란 내용 즉 요셉이 함께 감옥에 갇힌 두 청년들에게 우상을 버리고 유일하신 하나님만을 경배할 것을 말했다는 내용이 성경에는 기록되어 있지 않다.

18. 요셉은 함께 감옥에 갇힌 두 청년들이 본 것들을 각각 해석
해준다. 요셉의 해석에 따르면, 그들 중 한 청년은 원래의 자
리에 복귀하여 그의 주인에게 술을 따를 것이고, 또 한 청년
은 십자가에 못박히게 되면서 새들이 그의 머리부터 먹을 것
이다. (12:41)

> → 위의 꾸란 내용과 관련하여 성경 창세기 40장에서도, 요셉의 꿈 해몽이 기록되
> 어 있다. 창세기 40장에 소개되고 있는 요셉의 해몽에 따르면, 술잔을 올리는 시
> 종장은 3일 뒤에 직책을 회복할 것이고, 빵을 구워 올리는 시종장은 3일 뒤에 목
> 이 베이고 나무에 매달리게 될 것인데, 새들이 그의 주검을 쪼아 먹게 될 것이다.

19. 요셉은 그와 함께 투옥되어 있던 두 청년들 중, 감옥에서 풀
려나 원래의 자리에 복귀하게 될 청년에게, 그(청년)가 풀려나
면 그의 주인에게 자기(요셉)에 대해 이야기해 달라고 부탁했
다. 그러나 그 청년은 요셉의 부탁을 잊어버린다. 그리고 요
셉은 감옥에 몇 년 더 있게 되었다. (12:42)

> → 위의 꾸란 내용과 관련하여 성경 창세기 40:14, 23에서는, 요셉이 직책을 회복하
> 게 될 술잔을 올리는 시종장에게 "시종장이 잘되면 자기(요셉)를 기억해주고 생각
> 해주어서, 바로에게 자신(요셉)의 사정을 알려서 감옥에서 풀려날 수 있게 해달
> 라"고 부탁하지만, 감옥에서 풀려난 그 시종장은 요셉을 기억하지 못하고 잊어버
> 렸다고 기록하고 있다.

또 꾸란에서는 요셉과 함께 투옥되었다가 직책을 다시 회복하
여 감옥에서 풀려났던 그 청년이 요셉 곁을 떠난 후, 요셉이
몇 년을 더 투옥되어 있었는지 구체적으로 밝히지 않는다.

> → 반면에 성경 창세기 41:1에서는 만 2년을 더 투옥되어 있었다고 기록하고 있다.

20. 어느 날 이집트의 왕이 두 가지 환상을 보게 되어, 왕은 그
의 신하들에게 왕이 본 환상들을 풀어 설명해보라고 말했

다. 왕이 본 환상은 여윈 암소 일곱 마리가 살찐 소 일곱 마리를 잡아먹는 것과 일곱 개의 푸른 이삭과 시든 또 다른 일곱 개의 이삭을 본 환상이었다. (12:43, 46)

→ 위의 꾸란 내용 즉 이집트의 바로가 본 환상들과 관련하여, 성경 창세기 41장에서도 꾸란과 같은 이야기를 하고 있다.

성경 창세기 41장에 소개되고 있는 바로가 꾼 꿈의 내용은 이러하다. 흉측하고 야윈 암소 일곱 마리가, 잘생기고 살이 찐 암소 일곱 마리를 잡아먹었다. 또 야위고 마른 이삭 일곱 개가, 토실토실하게 잘 여문 이삭 일곱 개를 삼켜버렸다.

21. 이집트 왕의 신하들은 왕이 본 환상(꿈)들을 풀이하지 못했다. 그때 요셉과 함께 감옥에 갇혀있다가 풀려나 그 직책을 회복했던 청년이 요셉을 생각하고 찾아가 요셉으로부터 그 환상들의 의미가 무엇인지 알게 되었다. 그리고 그것을 이집트의 왕에게 알리게 되었다. 그 결과 이집트의 왕은 요셉을 자기에게로 불러, 요셉을 땅의 제물을 관리하는 관리로 임명하게 되었다. (12:44~55)

→ 위의 꾸란 내용과 관련하여 성경 창세기 41장에서는 이렇게 기록하고 있다.

"이집트의 왕 바로는 자신이 꾼 꿈의 해몽을 위해, 이집트의 마술사와 현인들을 모두 불러모았다. 그러나 그들은 모두 바로가 꾼 꿈을 해몽해주지 못했다.
그 때에 요셉과 함께 감옥에 갇혀있다가, 요셉이 말한 대로 풀려나 그 직책이 회복되었던 술잔을 올리는 시종장이, 바로에게 요셉에 대해 이야기를 하게 되었다.
그 후 바로는 사람을 보내어 감옥에 갇혀있던 요셉을 불러오게 하였고, 요셉으로부터 그 꿈의 의미가 무엇인지 듣게 되었다.
요셉으로부터 꿈 해몽을 들은 바로는, 요셉을 이집트 온 땅의 총리로 세워 다스리게 했다. 그리고 바로는 요셉에게 '사브낫바네'라는 새로운 이름을 지어주었고, 결혼도 시켰다. 그때의 요셉의 나이가 30세였다."

22. 요셉은 이집트 왕이 본 환상들의 의미를 풀어 설명해주었다.

이집트 왕이 본 두 가지 환상들은 모두 동일한 의미의 것들로서, 7년 간의 풍년과 7년간의 흉년을 의미하는 것이었다. (12:46~49)

→ 위의 꾸란 내용과 관련하여 성경 창세기 41장에서도, 요셉이 어떻게 이집트의 바로가 본 꿈들을 해몽했는지 기록하고 있다.
요셉의 해몽에 따르면, 바로의 꿈들의 의미는 7년간의 풍년과 연이은 7년간의 흉년을 의미하는 것으로 꾸란과 동일하게 기록하고 있다.

23. 요셉의 이복 형제들이 식량을 구하기 위해 요셉에게 왔다. 요셉은 그들을 알아보았지만, 이복형제들은 요셉을 알아보지 못했다. (12:58)

24. 요셉은 식량을 구하기 위해 온 그의 이복형제들에게 식량을 넉넉히 주어 보내면서, 다음 번 식량을 구하러 올 때는 그들의 아버지로부터 그들의 형제를 데리고 와야 식량을 구할 수 있을 것이며, 데리고 오지 않을 경우엔 식량을 구할 수 없을 것이라고 말했다. (12:59, 60)

요셉의 이복형제들은 요셉이 데리고 오라고 한 그 형제를 꼭 데리고 오겠노라고 말하고 그들의 아버지가 있는 곳으로 돌아가, 그들의 아버지에게 요셉이 말한 그 형제도 함께 식량을 구하러 갈 수 있도록 해달라고 말했다. (12:61~63)

요셉은 그들의 아버지가 있는 곳으로 돌아가는 이복형제들이 식량을 사기 위해 지불한 돈을 몰래 그들의 식량 자루에 다시 넣어 주었다. (12:62)

그러나 그들의 아버지는, 아들들의 말에 거부의사를 분명히
했다. 하지만 아들들의 거듭된 요청과 알라의 이름으로 한
약속을 보며, 그들의 아버지는 결국 허락을 하게 되었다.
(12:63~67)

→ 꾸란에서는 요셉이 이복형제들에게 그들의 아버지로부터 데리고 오라고 한 형제
가 누구인지 그 이름을 소개하고 있지는 않다.

반면에 성경은 요셉이 데리고 오라고 한 그 형제가 '베냐민'이
라고 기록하고 있다.

→ 위의 꾸란 내용과 관련하여 성경 창세기 42장과 43장에서는 이렇게 기록하고
있다.

"야곱은 이집트에 식량이 있다는 말을 듣고서, 베냐민을 제외한 나머
지 열 아들들을 이집트로 보내 식량을 구하여 오도록 했다. 야곱이 베냐
민을 다른 열 명의 아들들과 함께 이집트에 보내지 않은 것은, 베냐민에
게 무슨 변이라도 생길까 봐 두려워했기 때문이었다. 야곱의 열 아들들
은 요셉 앞에 이르러 얼굴을 땅에 대고 엎드려 요셉에게 절을 하였다.

요셉은 야곱의 열 아들들을 보자마자, 그들이 자신의 이복형제들임을
알아보았다. 하지만 이복형제들은 요셉을 알아보지 못했다.
그래서 요셉은 모른 체 하면서 이복형제들에게 이런 저런 질문들을 던
졌다. 그리고 의도적으로 이복형제들에게 이집트를 정탐하러 온 첩자들
이 아니냐고 따져 물었다. 그러면서 첩자가 아니라는 것을 증명하려면,
그들의 막내동생을 요셉에게로 데려오라고 했다. 만약 막내동생을 데려
오지 않으면, 이복형제들을 모두 첩자로 간주하여 죽이겠다고 말했다.

요셉은 열명의 이복형제들 중 '시므온'을 결박하여 인질로 잡아두고, 나머지 아홉 명의 이복형제들은 식량을 주어 그들의 아버지가 있는 가나안 땅으로 돌려보냈다.

돌려보낼 때 몰래 이복형제들이 식량을 산 대금으로 지불했던 돈들을 다시 그들의 자루에 넣어 주고, 또 길에서 먹을 식량도 따로 주었다.

아버지가 있는 가나안 땅에 도착한 요셉의 아홉 명의 이복형제들은 이집트에서 있었던 일들을 아버지 야곱에게 설명하면서, 막내 동생 베냐민을 이집트에 데려가야만 한다고 아버지 야곱을 설득했다. 하지만 아버지 야곱은 베냐민을 이집트로 보낼 수 없다며 아들들의 말을 거절했다.

아버지를 설득하는 과정에서 야곱의 첫째 아들 르우벤은 반드시 베냐민을 안전하게 다시 아버지께로 데려오겠다고 만약 그리하지 못하면 자신의 두 아들들을 죽여도 좋다고 말했다.

그러나 아버지 야곱은 식량이 다 떨어질 때까지 베냐민을 데리고 가는 것을 허락하지 않고 있었다. 결국 다시 식량을 구하러 이집트로 가지 않으면 나머지 가족들 모두 굶어 죽을 것을 걱정한 아버지 야곱은 유다의 거듭된 요구대로 베냐민을 데리고 이집트로 가는 것을 허락하게 되었다."

25. 요셉의 이복형제들이 요셉이 데리고 오라고 했던 그 형제를 데리고 요셉에게 왔을 때, 요셉은 그 형제에게 자신이 그 형제의 형제라는 것을 밝히며 그(요셉)와 함께 머물게 했다.
    (12:69)

  → 성경에서는 위의 꾸란 내용과 관련하여 이렇게 기록하고 있다.

"요셉은 그의 친형제 베냐민이 이복형제들과 함께 온 것을 보고, 그의 집 관리인에게 말하여 그의 형제들을 자신의 집으로 들이라고 했다. 그러면서 그들과 함께 점심을 먹을 수 있도록 음식 준비를 하라고 했다.

하지만 이복형제들은 요셉이 자기들을 노예로 삼으려는 것으로 생각하며 걱정했다. 걱정하고 있던 요셉의 이복형제들에게 요셉의 집의 관리인은 걱정하지 말라고 말하면서, 씻을 물을 주고 그들이 끌고 온 나귀에게도 먹이를 주었다. 그리고 인질로 잡혀있던 '시므온'을 그들에게로 데리고 왔다.

요셉은 그의 형제들에게 안부를 묻고, 그들의 아버지의 안부도 물었다. 친동생 베냐민을 보고는 치밀어 오르는 형제의 정을 누르지 못하고, 자기의 방으로 가서 한참 동안을 울었다. 밥상은 형제들의 나이 순서에 따라 앉도록 준비했고, 그것을 본 형제들은 모두 어리둥절했다. 요셉은 그의 친동생 베냐민에게는 다른 형제들보다 음식을 다섯 몫이나 더 주었다. 그렇게 요셉과 그의 형제들은 취하도록 함께 마셨다."

→ 꾸란에서는 요셉이 그의 정체를 이복형제들에게는 밝히지 않았으나, 그의 친형제에게만은 보자마자 밝힌 것으로 기록하고 있다.
하지만 성경에서는 요셉이 특별히 그의 친형제인 베냐민에게만 따로 자신의 정체를 밝힌 것으로 기록하고 있지 않다. 오히려 창세기 45장을 보면, 모든 형제들 앞에서 자신의 정체를 밝힌 것으로 기록하고 있다.

26. 요셉은 식량을 구하기 위해 이집트를 찾은 그의 형제들에게 식량을 주면서, 그(요셉)의 형제의 자루엔 몰래 왕의 잔(cup)을 넣어두었다. 그리고는 그들을 그 왕의 잔을 훔쳐간 도둑으로 취급했다. 형제들은 자기들의 무죄함을 주장했지만 결국 왕의 잔은 요셉이 데리고 오라고 한 바로 그 형제의 자루에서

발견되고 말았다. 그러나 이 모든 것은 요셉의 형제를 왕의 법정에 세우기 위한 알라의 계획이었다. (12:70~77)

→ 꾸란에서는 요셉이 그의 친형제의 자루에 몰래 넣은 잔(cup)이 '왕의 잔'이라고 기록하고 있다.
하지만 성경에서는 '왕이 잔'이 아니고 '요셉의 잔'이라고 기록하고 있다.

→ 또 성경에서는 위의 꾸란 내용과 관련하여 이렇게 기록하고 있다.
"요셉은 그의 친형제인 베냐민을 포함한 형제들에게 그들이 가져갈 수 있을 만큼의 식량을 주고, 그들이 대금으로 지불한 돈도 다시 그들의 자루에 넣어주었다.
그 과정에서 베냐민의 자루엔 몰래 '요셉이 쓰던 은잔'도 함께 넣었다. 그러면서 요셉은 그의 집 관리인을 급히 보내, 가나안 땅을 향해 돌아가던 그의 형제들을 따라잡게 했다. 그리고는 '왜 너희는 선을 악으로 갚느냐? 어쩌려고 우리 주인의 은잔을 훔쳤느냐?'라며 호통을 치라고 그의 집 관리인에게 말했다.
요셉의 형제들은 무죄함을 말했지만, 결국 베냐민의 자루에서 요셉의 은잔이 발견되고 말았다."

27. 요셉의 이복형제들은 자신들 중에 한 사람을 벌하고, 왕의 잔이 발견된 그 자루의 주인인 그 형제는 살려달라고 요셉에게 말했다. 그러나 요셉은 죄를 지은 당사자 즉 왕의 잔이 발견된 자루의 주인이 직접 벌을 받아야 한다고 말하면서, 이복형제들의 요청을 거부했다. 그러자 이복형제들 중 가장 큰 아들인 자가 다른 형제들에게 "자기는 왕의 잔이 발견되어 붙잡힌 그 형제와 함께 이집트 땅에 머물 것이니, 다른 형제들은 아버지가 계신 곳으로 돌아가 이런 상황을 아버지께 말씀드리라"고 말했다. (12:78~80)

→ 꾸란에서는 요셉의 이복형제들이 자신들 중에 한 사람을 벌하고, 왕의 잔이 발견된 그 자루의 주인인 그 형제는 살려달라고 했다고 기록하고 잇다.

하지만 성경 창세기 44장에 따르면, 요셉의 이복형제들은 베냐민과 함께 모두 요셉의 종이 되겠노라고 말했다. 그러자 요셉은 잔을 가지고 간 당사자가 요셉의 종이 되고, 나머지 다른 형제들은 평안히 그들의 아버지께로 돌아가라고 했다. 뿐만 아니라, 이복형제들 중 하나인 '유다'가 요셉에게 적극적으로 '베냐민과 그의 아버지와의 관계'를 구구절절이 설명하면서, 만약 그들이 베냐민을 아버지께로 데리고 가지 못하면, 그 충격으로 그들의 아버지는 죽고 말 것이라고 말했다.

28. 아버지께로 돌아간 요셉의 이복형제들은 자기들에게 임한 어려운 상황을 아버지께 말했다. 그들의 말을 들은 그들의 아버지는 이전에 잃어버린 아들인 요셉까지 생각하면서 깊은 슬픔에 잠기게 되었다. 그리고는 그의 아들들에게 요셉과 그의 형제에 대한 알라의 자비를 단념하지 말고, 그들을 찾아보라고 당부했다. (12:81~87)

29. 다시 이집트로 간 요셉의 이복형제들은 요셉에게 자비를 베풀어 식량을 넉넉히 달라고 요청했다. 그러자 요셉은 그 이복형제들이 요셉과 요셉의 친형제에게 행한 이전의 행적에 대해 말하면서, 자신의 정체를 이복형제들에게 밝혔다. 요셉의 정체를 알게 된 이복형제들은 요셉에 대한 이전의 자기들의 죄를 고백했다. 그리고 요셉은 그 이복형제들의 죄를 용서해주시라고 알라께 기도했다. (12:88~92)

→ 꾸란에서는 요셉이 그의 전체 형제들에게 자신의 정체를 밝힌 것이 3차 이집트 방문때라고 기록하고 있다.

그러나 성경 창세기 45장에서는 2차 이집트 방문 때 요셉이 자신의 정체를 밝힌 것으로 기록하고 있다.

30. 이복형제들에게 자신의 정체를 밝힌 요셉은, 그의 이복형제

들에게 "그(요셉)의 옷을 가지고 가서 아버지께서 그의 옷을 만져보고 냄새를 맡아볼 수 있도록 하고, 가족 모두를 자기 (요셉)에게로 데리고 함께 오라"고 말했다. (12:93)

→ 꾸란의 위 내용과 관련하여 성경에서는 요셉이 그의 형제들에게 새 옷을 한 벌씩 주고, 특별히 베냐민에게는 은돈 300 세겔과 옷 다섯 벌을 주었다고 기록하고 있다.
또 그의 아버지 야곱에게 드릴 별도의 예물들을, 이집트에서 나는 귀한 물건들과 여러 음식들과 함께, 열 마리의 수컷 나귀와 열 마리의 암컷 나귀에 나누어 실어 보내면서, 그의 아버지로 하여금 온 가족들과 함께 모든 재산을 가지고 이집트 땅으로 오도록 했다고 기록하고 있다.

31. 요셉은 그의 아버지와 가족들이 이집트로 오자, 부모와 함께 기거하면서 그의 부모를 왕좌에 앉혔다. 그러면서 요셉은 그의 아버지에게 자신이 이전에 보았던 환상들이 성취되었음을 말했다. 그리고 이전의 요셉과 이복형제들 사이의 불화는 사탄에 의한 것이었으며, 알라께서는 자기를 모든 환난으로부터 구원해주셨다고 말했다. (12:99~101)

→ 꾸란의 위 내용과 관련하여 성경 창세기 46장과 47장에서는 이렇게 기록하고 있다.
"이집트로 향하던 야곱은 브엘세바에 이르렀을 때에 그의 아버지 이삭의 하나님께 희생제사를 드렸다.
그날 밤 하나님께서 야곱에게 환상 가운데 '내가 너로 이집트에서 큰 민족이 되게 하고, 나도 너와 함께 이집트로 내려갔다가, 반드시 너를 이집트에서 데리고 나올 것이니, 너는 두려워하지 말고 이집트로 가라'고 말씀하셨다.
그렇게 요셉이 이집트에서 낳은 두 아들을 포함하여 총 70명의 야곱의 식구들이 이집트 고센 땅에 정착하였다."

32. 알라께서는 요셉을 의로운 길로 인도하셨다. (6:84)

33. 알라께서는 요셉에게 명백한 증거를 주시어 백성들에게 찾아가도록 했는데, 백성들은 요셉이 내보인 증거를 의심하고, 요셉이 죽자 "알라께서는 요셉이 죽은 후론 메신저(لوسر)를

보내지 않을 것이다"라고 말했다. (40:34)

요셉의 주인 아지즈(보디발)의 아내가 요셉을 유혹했으나 요셉이 거부하자, 뒤에서 옷을 잡고 있다.

제11장
꾸란에서 말하는 모세^(무사)

성경의 '모세'를 꾸란에서는 '무사'라고 한다. 꾸란의 '무사'에 대해 알아보자.

1. 모세(무사=موسى)가 강물에서 건져지다.

1) 알라는 모세의 어머니에게 "아기 모세를 바구니에 담아 강물에 던지라"고 말했다. 그렇게 하면 강물이 바구니를 강 둑으로 인도할 것인데, 알라의 적이면서 모세의 적이기도 한 사람(이집트인 파라오의 가족)이 그것을 건져 올리게 되고, 모세의 어머니가 모세를 양육하게 될 것이라고 말했다. (20:39 ; 28:7~13)

2) 모세의 누이는 바구니에 담겨져 강물에서 건져진 아기 모세를, 아기의 친어머니가 파라오의 가족을 대신하여 담당(양육)할 수 있도록 안내했다. (20:40 ; 28:11~13)

2. 살인 그리고 미디안으로 도주하다.

1) 알라께서는 모세가 성인이 되자 그에게 지혜(حكمة)와 지식(علم)을 주셨다. (28:14)

2) 모세는 두 사람이 서로 싸우는 것을 보다가 모세에게 도움을 청하는 한 사람을 돕게 되고, 그 과정에서 한 사람을 때려 죽이게 되었다. (28:15 ; 20:40)

3) 알라는 모세를 시험하여 알라께서 원하신 기준에 도달할 때까지, 미디안 사람들 사이에서 수년 동안 머물게 하셨다. (20:40)

→ 꾸란 28:27절에 의하면, 모세가 미디안 사람들 사이에서 머문 '수년' 이라는 기간은, 8년 아니면 10년 이다.

4) 미디안 땅으로 도망을 간 모세는 그곳에서 가축 떼에게 물을 주는 한 무리의 사람들(목동들)을 만나게 되었다. 또한 모세는 그곳에서 먼저 가축 떼에게 물을 먹이고 있던 목동들이 그들의 가축 떼를 데리고 떠날 때까지, 자기 가축들에게 물을 먹이지 못한 체, 앞선 목동들이 떠나기만을 기다리고 있던 두 여인도 만나게 되었다. 두 여인들의 이야기를 듣고 자초지정을 알게 된 모세는, 그 두 여인을 대신하여 그녀들의 가축 떼에게 물을 먹였다. (28:23, 24)

5) 두 여인들을 도와준 것이 인연이 되어 모세는, 그 두 여인의 나이 많은 아버지로부터 일정 기간(8년 또는 10년) 동안, 그녀들의 아버지의 일을 하게 되었다. (28:26~28)

→ 성경에서는 모세가 하나님의 부르심을 받아 이집트의 바로에게 가게 되기까지의 미디안에서의 체류기간을 40년이라고 기술하고 있다. (출애굽기 7:7)
또 꾸란에는 모세의 장인에 대한 추가적인 설명이 별로 없다. 반면에 성경은 그가 미디안 제사장으로, 이름은 '르우엘' 또는 '이드로'였으며, 그에게는 딸이 일곱 명

이 있었다고 기록하고 있다. (출애굽기 2, 4장)

6) 그리고 모세는 그 두 여인들 중 한 명과 결혼을 하게 되었다.
(28:27)

→ 꾸란에서는 모세의 부인의 이름을 언급하고 있지 않다. 반면에 성경에서는 모세의
부인의 이름이 '십보라'라고 구체적으로 언급하고 있다. (출애굽기 2:21)

7) 모세는 그의 장인과의 근로 계약 기간(8년 또는 10년)이 끝나자,
그의 가족을 데리고 장인의 집을 떠나 여행을 하게 되었다.
그 과정에서 알라의 메신저(라술)와 선지자로서 부름을 받아
파라오에게 가게 되었다. (28:29~33)

3. 모세가 알라의 종(메신저, 선지자)으로 선택받다.

1) 모세(무사)는 알라로부터 선택받은 자이며(19:14, 51), 알라의 메
신저(رسول)이며(7:104 ; 19:51), 선지자이다. (19:51)

2) 모세는 알라께서 이스라엘 백성들(모세의 백성들)에게 보낸 메신
저(رسول)이다.

3) 알라께서는 모세에게 특별히 말씀하셨다. (4:164)

4) 모세는 파라오(바로=فرعون)에게 보냄 받은 알라의 선지자였다.
(10:75 ; 73:15)

5) 모세는 알라의 징표를 지닌 채 파라오(바로)와 그의 우두머리
들에게 보냄받은 전지하신 알라의 메신저이다. (43:46 ; 26:10~17 ;
23:45, 46)

6) 모세는 뚜와(طوى) 계곡에 위치한 불(نار) 가운데서 알라의 음

성을 들고 알라께 선택받아 선지자의 길을 가게 되었다.
(20:10~13 ; 27:7~9 ; 28:29 ; 79:16)

7) 모세는 뚜와 계곡의 불 가운데서 알라로부터 "나는 너의 주님이니, 너는 너의 신을 벗으라 …. 나는 너를 선택했으니 게시해 보여주는 것을 경청하라"라는 음성을 들었다. (20:12, 13)

8) 알라께서는 모세에게 자비를 베푸시어, 그의 형제 아론(하룬=هرون)을 선지자로 삼아 모세와 함께 하게 했다. (19:53 ; 20:29~44)

9) 알라께서는 모세의 형 아론을 모세의 보조(وَزِير)로 삼으셨다. (25:35)

10) 모세와 아론은 믿음을 가진 알라의 종이었다. (37:122)

4. 모세의 말을 모세의 백성들이 믿지 않다.

모세의 백성들은 자신들이 직접 알라를 보기 전엔, 모세의 말을 믿지 않을 것이라고 했다. (2:55)

5. 모세가 파라오(바로)에게 가다.

1) 모세는 알라의 분명한 징표(예중)를 가지고 파라오(바로)에게 가서, 이스라엘 백성을 풀어주어 그들(이스라엘 백성)이 자기(모세)를 따를 수 있도록 해달라고 요구했다. 그러나 파라오(바로)는 모세의 요구를 들어주지 않고, 모세에게 알라의 징표를 보여달라고 말했다. (7:103~106)

2) 모세는 알라의 징표를 보여달라는 파라오(바로)의 요구에 따라, 지팡이를 뱀으로 바꾸고, 보는 이들에게 그의 손이 하얗게 바뀌도록 하는 기적을 보이며, 알라의 징표를 보였다. (7:107, 108 ; 20:20~22 ; 26:31~33 ; 27:10~12 ; 28:31, 32)

3) 파라오(바로)와 그의 백성들의 우두머리들은, 알라께서 모세를 통해 보인 징표로서의 기적들을 마술로 취급했다. (7:109 ; 20:57~63 ; 26:34, 35 ; 28:36)

4) 파라오(바로)는 모세를 '마법사'나 '미친 자'라고 말했다. (51:39 ; 43:49 ; 26:27)

5) 파라오(바로)는 모세를 거짓말쟁이로 여겼다. (28:38 ; 23:48 ; 22:44)

6) 파라오(바로)는 "만약 모세가 파라오(바로) 이외의 다른 신을 취한다면, 모세를 감옥에 가둘 것이다"라고 말했다. (26:29)

7) 파라오(바로)의 마술사들은 사람들의 눈에 마술을 걸어, 밧줄과 막대기(지팡이)가 살아 움직이는 것처럼 보이게 했다. 그러나 알라께서는 모세에게 영감을 주어, 파라오(바로)의 마술사들이 행한 속임수를 이기게 하셨다. 그 결과 파라오(바로)의 마술사들은 모세에게 굴복하였고 창피를 당하고 되돌아갔다. (7:115~119 ; 20:65~69 ; 26:43~45)

8) 모세에게 패한 파라오(바로)의 마술사들은, 모세와 아론의 전지하신 주님을 믿고 경배하게 되었다. (7:120~122 ; 20:70 ; 26:46~48)

→ 성경에는 파라오(바로)의 마술사들이 모세의 주님을 믿고 경배했다는 기록이 없다.

9) 파라오(바로)는 자신의 허락도 없이 모세의 주님을 믿고 경배

한 파라오(바로)의 마술사들에게 화를 냈다. 그리고 그들 마술사들의 손과 발을 자르고, 그들 모두를 십자가에 못박을 것이라고 말했다. (7:123, 124 ; 20:71 ; 26:49)

→ 성경에는 파라오(바로)가 그의 마술사들의 손과 발을 자르고 십자가에 못박을 것이라고 말했다는 기록이 없다.

10) 파라오(바로)는 모세의 백성들의 아들들을 죽이고 여인들은 살려두면서, 그들 위에서 지배할 것이라고 말했다. (7:127) 그리고 실제로 파라오(바로)는 모세의 백성들의 아들들은 죽이고 여인들은 살려주면서 고통받게 했다. (2:49 ; 7:141 ; 14:6 ; 28:4)

모세가 바다를 가르다.

6. 알라께서 파라오(바로)와 그의 백성들에게 재앙을 내리다.

1) 알라께서는 알라의 뜻을 거부하고 오만하게 행동한 파라오(바로)의 백성들에게, 가뭄(سنين)으로 인한 과일 결핍과 대홍수(طُوفان), 메뚜기(جَراد), 이(قُمَّل 벼룩), 개구리(ضَفادع) 그리고 피(دَم) 재앙을 내렸다. (7:130~133)

   → 꾸란에서는 알라께서 모세를 통해 보여준 징표는 총 9가지인데(17:101 ; 27:12), 그중 위의 6가지는 재앙으로서 보여준 징표라고 말한다. 그리고 나머지 3가지 징표들 중 두 가지는 지팡이를 뱀으로 바꾼 것과 손을 하얗게 바꾼 징표를 말하며, 나머지 한 가지는 구체적으로 무엇인지 언급하고 있지 않다.

   반면에 성경에서는 꾸란과는 달리, 하나님께서 모세를 바로에게 하나님의 대언자로 보낼 때 보여준 징표들과(출애굽기 4장), 바로와 이집트 백성들에게 내린 10가지 재앙을(출애굽기 7~11장) 구분하여 기술하고 있다.
   또 10가지 재앙으로는 피, 개구리, 이, 파리, 집짐승의 죽음(악질), 악성 종기(독종), 우박, 메뚜기, 어두움(흑암), 처음 난 것들의 죽음(장자의 죽음)을 말한다. 성경은 꾸란에서 언급한 가뭄으로 인한 과일 결핍이나 대홍수 같은 재앙을 언급하고 있지 않다.

2) 파라오(바로)와 그의 백성들은 모세를 통해 보여준 알라의 징표를 거짓으로 여기며 무관심하다가 바닷물 속에서 죽임을 당하게 되었다. (7:136 ; 2:50 ; 28:40 ; 43:55 ; 8:54 ; 20:78 ; 26:66 ; 44:24 ; 17:103 ; 51:39, 40)

3) 파라오(바로)는 모세에게 거역하여 알라의 징벌을 받았다.

(10:90 ; 73:16 ; 7:103)

4) 알라께서는 알라의 징표를 가지고 간 모세와 아론을 배척한
백성들을 철저히 멸망시키셨다. (25:36)

7. 모세의 백성들에 대한 알라의 은혜 그리고 백성들의 불평불만

1) 반면에 알라께서는 이스라엘 백성들에게는 바다를 안전하게
건너게 하셨다. (7:138 ; 26:63~65)
2) 알라께서는 모세에게 "이스라엘 백성들을 데리고 밤에 떠날 것
이며, 파라오(바로)에 의해 모세의 백성들이 추격당할 것이다"라
고 말씀하셨다. (26:52)
3) 출애굽한 모세의 백성들을 추격하던 파라오(바로)의 군대는,
해가 뜰 무렵 이스라엘 백성들을 따라잡게 되었다. 그 결과
이스라엘 백성들은 두려워하게 되었다. (26:60~62)
4) 모세는 그의 백성들에게 "주님께서는 나와 함께 계시니, 그분께
서는 우리를 바르게 인도하실 것이다"라고 말했다. (26:62)
5) 그때 알라께서는 모세에게 "모세가 가지고 있는 지팡이로 바
다를 치라"고 말한다. 그러자 바다는 갈라지고 모세의 백성들
은 안전하게 건널 수 있게 되었다. (26:63~65)
6) 알라께선 모세의 백성들을 위해 구름으로 그늘을 만들어 주
셨다. (2:57 ; 7:160)

→ 성경에서는 하나님께서 이스라엘 백성들을 낮에는 구름기둥으로, 밤에는 불기둥
으로 인도하셨다고 기록하고 있다. (출애굽기 40:38)

7) 모세는 그의 백성이 마실 물이 없이 목말라할 때 알라께 물

을 달라고 기도했다. 그리고 알라께서는 모세의 기도를 들으시고 "모세가 가지고 있는 지팡이로 바위를 치라"고 말씀하셨다. 모세가 알라의 말씀대로 하니, 그 바위에서 12개의 샘물이 터져 나왔고 백성들은 물을 마실 수 있게 되었다. (2:60 ; 7:160)

8) 알라께선 모세의 백성들을 위해 '만나(مَنّ)'와 '살와(سلوى)'를 내려보내서 먹게 하셨다. (2:57 ; 7:160 ; 20:80)

> → 성경에서는 하나님께서 출애굽한 이스라엘 백성들을 위해 광야에서 만나와 메추라기를 내려 먹게 하셨다고 기록하고 있다. (출애굽기 16장)
> 꾸란에서 말하는 '살와(سلوى)'가 구체적으로 무엇을 말하는지는 명확하지 않다. 그러나 대체로 메추라기라고 보는 경우가 많다.

9) 모세의 백성들은 모세에게 "한 가지 음식만으론 만족할 수 없으니 알라께 기도하여 땅에서 나오는 다른 것들 즉 목초(허브), 오이, 마늘, 렌즈콩, 양파 등을 달라"고 요구했다. (2:61)

> → 위의 꾸란 구절과 관련된 성경의 기록에 따르면, 출애굽 한 지 2개월 반이 되었을 때, 이스라엘 자손들은 모세와 아론이 광야에서 자기들을 굶어 죽게 한다고 원망했다. (출애굽기 16:1~3) 꾸란에서처럼 이스라엘 백성들이 땅에서 나오는 식물들을 달라고 했다는 기록은 성경에 없다.

8. 알라께서 백성들에게 암소를 바칠 것을 명하시다.

1) 모세는 그의 백성들에게 "알라께서 암소(بقرة)를 바칠 것을 명했다"고 말했다. (2:67)

2) 모세의 백성들은 모세에게 자신들이 알라께 바쳐야 할 암소가 어떤 것인지 알려달라고 요구했다. (2:68~71)

3) 백성들의 요구에 모세는 알라께서 백성들에게 요구한 암소에

대해 설명해준다. 구체적으로 알라께서 백성들에게 요구한 '암소의 특징'에 대해 이렇게 설명한다.

첫째, 어리지도 늙지도 않은 중간 크기의 완전히 큰 암소여야 한다. (2:68)

둘째, 색상은 노란색으로, 얼룩덜룩한 반점이 없어야 한다. (2:69, 71)

셋째, 순수한 느낌을 주어 보는 이로 하여금 감탄하게 해야 한다. (2:69)

넷째, 땅을 일구고 물을 대도록 길들여지지 않았어야 한다. (2:71)

다섯째, 흠이 없이 완전해야 한다. (2:71)

9. 모세의 백성들이 송아지 형상을 만들어 우상 숭배를 하다.

✿ 알라께서는 모세에게 40일 밤의 약속을 주셨고, 그 기간 동안 모세의 백성은 송아지(عجل) 형상을 만들어 예배했다. (2:54, 92 ; 4:153 ; 7:142, 148, 152 ; 20:88~94)

→ 성경에서는 하나님의 부르심에 따라 모세가 시내산에 올라 그곳에서 40일 동안 머물렀다고 기록하고 있다. (출애굽기 24:18)

또 이스라엘 백성들의 송아지 형상 예배 사건과 관련하여 성경에서는, 모세의 형인 아론 역시 백성들이 저지른 죄에서 자유로울 수 없는, 즉 직접 금송아지를 만든 적극적 죄의 가담자라고 기술한다. (출애굽기 32장, 신명기 9장)

반면에 꾸란에서는 "아론은 송아지 예배 사건과 관련하여 무죄하다"고 말한다. 아론은 송아지를 만들어 예배하려는 백성들을 향해 "그리하지 말라"고 자신이 할 수 있는 것을 했다는 것이다.

이처럼 이슬람 측에서는 알라의 메신저들이나 선지자들에 대해 부정적인 기술과 해석을 하지 않는다. 그 이유는 '선지자들에 대한 믿음' 때문이라 할 수 있다.

10. 알라께서 모세에게 서판을 주시다.

❀ 알라께서는 백성들로 하여금 최선의 것을 따르도록 하기 위해, 모든 것에 대한 경고와 설명으로서 서판(الواح)에 모든 것을 기록하셨다. (7:145, 154)

→ 성경에서는 하나님께서 모세에게 십계명이 기록되어 있는 돌판 두 개를 주신 것이 두 차례 있었음을 기록하고 있다.
첫 번째는 출애굽기 31:18에 기록되어 있다. 이스라엘 백성들이 금송아지를 만들어 경배하는 것을 본 모세가 하나님께서 주신 첫 두 돌판을 던져 깨부숴버렸다.
두 번째는 출애굽기 34장에 기록되어 있다. 하나님께서 다시 모세에게 십계명이 적힌 돌판 두 개를 주셨다.

반면에 꾸란에서는 알라께서 모세에게 주신 서판이 있다고만 기록되어있을 뿐, 몇 차례에 걸쳐 서판을 주셨는지에 대해서는 기록하고 있지 않다.

→ 또한 성경에서는 백성들이 금송아지를 만들어 숭배하는 것을 본 모세가 하나님으로부터 받은 첫 번째 돌판 두 개를 던져 깨부숴버렸다고 기록하고 있다.

그러나 꾸란에서는 모세가 알라로부터 받은 서판을 집어 던져 깨부순 것이 아니라고 한다. 오히려 모세는 서판을 가만히 내려놓은 후, 분노가 가라앉았을 때, 온전한 상태로 다시 집어 들었다고 한다. 결국 꾸란에 따르면 알라께서 모세에게 주신 서판은 깨진 적이 없다.

11. 모세가 알라로부터 성서(모세오경)를 받다.

→ 모세가 받은 성서란 모세오경을 말한다.

1) 알라께서는 모세에게 백성을 올바르게 인도할 수 있도록 책과 푸르깐(فرقان)을 주었다. (2:53)

→ 위 꾸란 구절에서 '책'은 구약성서 중 모세오경을 말하고, '푸르깐'은 옳고 그름을

식별할 수 있는 식별서를 말한다.

2) 알라께서는 모세와 아론(هرون)에게 명확하게 하는 성서(الكتب)를 주셨으며(37:117), 그들을 바른 길로 인도하셨다. (37:118 ; 6:84)

3) 알라께서는 모세에게 성서(الكتب)를 주셨다. (2:87 ; 6:154, 155 ; 11:110 ; 23:49 ; 25:35 ; 41:45 ; 87:18)

4) 알라께서는 모세에게 성서(الكتب)를 주서서, 사람들에게 빛을 주시고 인도를 받게 하셨다. (6:91)

5) 알라께서는 선을 행한 자에게 알라의 복을 완전케 하고, 모든 것들에 대한 설명과 인도와 자비를 주어, 믿는 자들이 그들의 주님을 믿을 수 있도록 모세에게 성서(모세오경)를 주었다. (6:154)

6) 알라께서는 이스라엘 자손을 위한 지침(هدى)으로 모세에게 성서를 주셨다. (32:23)

7) 알라께서는 사람들을 일깨우는 즉 사람들이 반성할 수 있는 지침(هدى)과 자비(رحمة)로서의 성서를 모세에게 주었다. (28:43)

8) 알라께서는 모세에게 알라의 징표와(14:5) 분명한 권한을 주셨다. (11:96)

12. 꾸란에서 소개하는 모세에 대한 또 다른 이야기들

1) 알라께서는 모세와 아브라함과 예수에게 "신앙을 굳게 지키고 그 안에서 분열하지 말라"고 명하셨다. (42:13)

2) 알라께서는 모세와 아론(هرون)에게 은혜를 베푸서서, 그들과

그들의 백성들을 재난으로부터 구하시고 바른 길로 인도하셨다. (37:114~118)

3) 알라께서는 모세로부터 서약(계약)을 받았다. (33:7)

4) 알라께서는 사람들이 모세에 대해 나쁘게 말했던 것들로부터 모세의 누명을 벗겨주시고 가치 있게 하셨다. (33:69)

5) 알라께서는 모세와 아론을 의로운 길로 인도하셨다. (6:84)

제12장
꾸란에서 말하는 다윗^(다우드)

성경의 '다윗'을 꾸란에서는 '다우드(داوود = داود)'라고 한다. 꾸란의 '다우드'에 대해 알아보자.

1. 알라께서는 다윗을 의로운 길로 인도하셨다. (6:84)

2. 다윗은 '잘루트(جالوت)'를 죽였다. (2:251)

→ 꾸란 2:249~251를 보면, '잘루트'와 싸워 승리한 사람들을 소개하고 있다.

먼저는 '딸루트(طالوت)'와 그의 군대가 잘루트와 싸워 승리했고, 다윗 역시 잘루트와 싸워 그를 죽인 것으로 소개하고 있다.

그렇다면 '딸루트'와 '잘루트'는 각각 누구일까?

한국이슬람에서 사용하고 있는 『한국어 꾸란 번역본(최영길의 성꾸란 의미의 한국어 번역)』에서는 '딸루트'를 '사울'로, '잘루트'는 '골리앗'으로 번역을 해놓았다.

그런데 최영길의 『성꾸란 의미의 한국어 번역』에서의 이런 번역은, 너무 빗나간 자의적 해석에 따른 오역이라 할 수 있다. 왜냐하면 최영길이 '사울'이라고 해석 번역한 '딸루트'에 대한 꾸란 2:249의 내용을 보면, '딸루트'는 '사울'이 아니고, 오히려 구약 성경 사사기 7장에 등장하는 사사 '기드온'과 관련된 내용이란 것을 알 수 있기 때문이다.

꾸란 2:249~251의 내용을 정리해보면 이러하다.

"딸루트가 군대와 함께 나아가 말하기를 '알라께서 강(river)으로서 너희를 시험하실 것이다. 그러므로 손 한 움큼의 물을 가져가는 자 이외에, 강물을 마시는 자는 나의 백성이 아니며, 강물을 맛보는 자 또한 나의 백성이 아니다.' 그러나 작은 무리를 제외한 그들은 그 물을 마셨다.

그리하여 그들 즉 딸루트와 그를 따라 믿는 자들이 강을 건넜을 때, 그들은 말하였다. '우리는 오늘 잘루트와 그의 군대에 대항할 힘이 없다. 알라의 허락으로 작은 무리가 큰 무리를 이긴 것이 얼마나 많은가? 알라께서는 인내하는 자들과 함께 하신다.'

그리고 그들이 나아가 잘루트와 그의 군대를 만났을 때, 그들은 '주님, 저희에게 용기를 주시고, 우리의 걸음이 굳건하게 하시고, 저 믿지 않는 무리들에 대항하여 싸우는 우리를 도와주소서'라고 말했다. 그리하여 그들은 알라의 허락에 따라 그들을 물리쳤다."

따라서 꾸란 자체가 '딸루트'와 '잘루트'의 정체에 대해 정확하게 알려주고 있지 않기 때문에 확신할 수는 없지만, 굳이 해석해야 한다면 '딸루트'는 '사울'보다는 '기드온'으로, '잘루트'는 '골리앗'이 아닌, '미디안과 관련된 사람'으로 보는 것이 더 타당할 것으로 보인다.

한편 최영길은 '잘루트'를 '골리앗'으로 보고, '딸루트'와 '다윗' 그리고 '잘루트'를 동시대의 사람들로 이해하다 보니, '딸루트'를 '사울'이라고 해석한 것으로 보인다.

3. 다윗은 알라께 지혜와 지식과 통치권을 받았다.
1) 알라께서는 다윗에게 지혜(حِكْمَة)와 지식(عِلْم)을 주셨다. (21:79)
2) 알라께서는 다윗에게 지식(عِلْم)을 주셨다. (27:15)
3) 알라께서는 다윗의 왕국을 튼튼하게 하시고, 그에게 지혜와 명확한 판단력을 주셨다. (38:20)
4) 알라께서는 다윗에게 통치권(권세)과 지혜를 주시고, 알라께서 기뻐하시는 것을 가르쳐주셨다. (2:251)
5) 알라께서는 다윗에게 쇠비늘 갑옷, 즉 긴 갑옷 외투를 만드는 법을 가르쳐 주어, 백성들을 폭력(전쟁)으로부터 보호할 수 있도록 하셨다. (21:80 ; 34:11)

4. 다윗은 알라의 힘센 종이었으며, 항상 알라께로 귀의하였다(향하였다). (38:17)

5. 알라께서는 산과 새들이 다윗에게 복종하도록 하여, 다윗이 알라께 찬양을 드릴 수 있도록 했다. (21:79 ; 34:10 ; 38:18, 19)

6. 다윗은 두 논쟁자를 판결한 후 자신의 죄를 회개했다.

1) 어떤 두 논쟁자들이 다윗의 집의 벽을 기어올라 다윗의 개인 침실로 들어왔을 때, 다윗은 그들을 두려워했다. (38:21, 22)

2) 그리고 서로 형제간인 그 두 논쟁자들로부터, 그들 사이에 있는 죄의 문제에 대해 정의로운 판결을 내려서, 그들이 의로운 길에서 벗어나지 않도록 해달라는 요청을 받게 되었다. (38:22, 23)

3) 그 두 논쟁자들이 다윗에게 판결해달라고 하면서 한 이야기는 "두 논쟁자들 중에 한 명이 99마리의 어린 암양들을 가지고 있는데, 어린 암양 한 마리밖에 가진 것이 없는 또 다른 논쟁자의 한 마리 암양마저 빼앗으려 한다"는 것이었다. (38:23)

4) 두 논쟁자들의 이야기를 들은 다윗은, 자신의 암양들이 충분히 있음에도 불구하고, 암양 한 마리밖에 없는 또 다른 논쟁자의 암양마저 달라고 요구한 그 부유한 사람을 부당하다고 판결했다. (38:24)

5) 두 논쟁자 간의 암양과 관련된 문제를 판결하면서 다윗은, 그 문제가 바로 다윗 자신과 관련된 문제이며, 알라께서 다윗을 시험한 것이라는 것을 깨닫고, 알라께 용서를 구하며 주님께로 돌아갔다(귀의했다). (38:24)

6) 알라께서는 자신의 잘못을 깨닫고 알라께 용서를 구하며 알라께 돌아간 다윗을 용서해주셨다. (38:25)

☞ 꾸란 38:21~25에서 소개되고 있는 위의 다윗과 두 논쟁자 사이의 이야기는, 비록 그 세세한 내용상의 차이는 있지만, 성경 사무엘하 11~12장에 소개되고 있는 다윗과 선지자 나단 사이의 이야기와 비슷하다.

성경 사무엘하 11~12장에는 다윗의 범죄 즉 다윗이 그의 충신이었던 헷 사람 우리야의 아내인 밧세바를 겁탈한 사건과, 그 사건을 덮기 위해 충신 우리야를 전쟁터에서 죽게 만든 사건이 소개되고 있다. 아울러 그런 다윗의 범죄에 대한 나단 선지자의 책망과 다윗의 회개가 소개되고 있다.

위의 성경 내용을 좀더 구체적으로 살펴보면, 나단 선지자가 다윗을 책망할 때 사용했던 비유가 소개되고 있다.

> "어떤 성읍에 두 사람이 있었는데, 한 사람은 양과 소를 아주 많이 가지고 있는 부유한 사람이었고, 또 한 사람은 사다가 키우는 어린 암양 한 마리밖에는 아무것도 없는 가난한 사람이었다. 그런데 그 부유한 사람은 자기에게 찾아온 손님을 대접하면서 자기의 양과 소가 아까워, 그 가난한 사람의 하나밖에 없는 어린 암양을 빼앗아 자기 손님을 대접하였다. 그리고 나단 선지자가 말한 이야기가 결국 다윗 자신의 범죄에 대한 이야기임을 알게 된 다윗은 자신의 잘못을 자백하며 회개하였다."

9. 알라께서는 다윗을 지상에서 알라의 '대리자(계승자=칼리파=خليفة)**'로 삼으시면서, 사람들 사이를 진실하게**(공정하게) **판결하라고 말씀하셨다.** (38:26)

10. 알라께서는 다윗에게 성서(시가서=자부란=الزَّبُور)**를 주셨다.** (4:163 ; 17:55 ; 38:29)

11. 알라께서는 다윗에게 솔로몬을 주셨다. (38:30)

제13장
꾸란에서 말하는 솔로몬^(술라이만)

성경의 솔로몬을 꾸란에서는 '술라이만(سُلَيْمَ)'이라고 한다. 꾸란의 '술라이만'에 대해 알아보자.

1. 알라께서는 솔로몬에게 지혜와 지식을 주셨다.

❀ 알라께서는 솔로몬에게 사건을 올바르게 이해하도록 지혜(حُكْمَ)와 지식(عِلْمَا)을 주셨다. (21:79)

❀ 알라께서는 솔로몬에게 지식(عِلْمَا)을 주셨다. (27:15)

2. 솔로몬은 다윗의 계승자였다. (27:16)

3. 알라께서는 솔로몬을 의로운 길로 인도하셨다. (6:84)

4. 솔로몬은 알라의 훌륭한 종이었으며, 항상 알라에게로 귀의하였다^(향하였다). (38:30)

5. 솔로몬은 고귀한 혈통의 준마들을 가지고 있었는데, 그는 그 준마들을 매우 사랑했다. (38:31~33)

→ 솔로몬이 고귀한 혈통의 준마들을 가지고 있었고, 그 준마들을 매우 사랑했다는 위의 꾸란의 내용이, 성경에는 없다.

다만 성경에서는 솔로몬에게 군마 만 이천 필이 있었고(열왕기상4:26), 말들을 이집트와 구에서 사들였다고 기록하고 있다. (열왕기상 10:26~29 ; 역대기하 1:14~17 ; 9:28)

6. 알라께서는 솔로몬이 앉는 의자 위에 시체를 올려놓는 시험을 하셨다. (38:34) 그러자 솔로몬은 알라께 용서를 구했고, 후세의 어느 누구에게도 승계되지 않을 왕국을 맡겨달라고 구했다. (38:35)

→ 성경에는 '하나님께서 솔로몬이 앉는 의자 위에 시체를 올려놓는 시험을 하셨다'는 위의 꾸란 내용이 없다.

7. 알라께서는 거센 바람이 솔로몬에게 복종하도록 하셨다. 그래서 바람이 솔로몬이 원하는 곳으로 불게 하셨다. (21:81 ; 34:12 ; 38:36)

→ 성경에는 위의 꾸란 구절의 내용과 같은 것이 없다. 다만 위의 꾸란 구절은 히람의 일꾼들을 태우고 다시스를 오가며 해상무역을 했던 솔로몬의 경제력을 표현한 것으로 추측된다. (열왕기상 9:22 ; 역대지하 9:21)

8. 알라께서는 깊이 잠수하는 잠수사들이 솔로몬에게 복종하도록 하셨다. (21:82 ; 38:37, 38)

9. 알라께서는 사탄과, 모든 것들을 짓는 자(목수)와 쇠사슬에 묶여 있는 자들이 솔로몬에게 복종하도록 했다. (38:37, 38)

→ 성경에는 위의 꾸란 구절의 내용과 같은 것이 없다.

10. 알라께서는 솔로몬을 위해 녹은 구리 샘물이 흐르도록 하셨다. (34:12)

→ 성경에는 위의 꾸란 구절의 내용과 같은 것이 없다. 다만 솔로몬이 두로에서 살고 있던 놋쇠 대장장이 '후람'을 시켜 여러 놋 기구들을 만들게 했던 것을 표현한 것으로 추측된다. (열왕기상 7장, 역대지하 3, 4장)

11. 영마(Jinn)와 사람들과 새들로부터 온 솔로몬의 무리(군대)들이

솔로몬에게 모여들어, 별개의 무리(군대)를 구성하였다. (27:17)

→ 성경에는 위의 꾸란 구절의 내용과 같은 것이 없다. 다만 솔로몬이 보유했던 막강한 군사력을 표현한 것으로 추측된다. (열왕기상 10장, 역대지하 9장)

12. 알라의 명령에 따라 어떤 영마(جنّ)들은 솔로몬 밑에서 일하면서, 솔로몬이 원하는 공전, 석상 저수지와 같은 못, 제자리에 고정된 커다란 요리용 용기들을 만들었다. (34:12, 13)

→ 성경에는 위의 꾸란 구절의 내용과 같은 것이 없다. 다만 위 꾸란 구절은 솔로몬이 많은 건축공사를 했던 것을 말하는 듯하다.

13. 솔로몬과 사바(스바)여왕

1) 솔로몬은 새(bird)의 일종인 '후드후드(hoopoe=هدهد)'를 통해, 알라가 아닌 태양을 숭배하면서 모든 것을 갖추고 위대한 왕좌(왕권)를 가지고 있던 사바(سبإ)여왕과 그녀의 백성들과 그녀의 나라에 대한 이야기를 듣게 되었다. (27:20~26)

→ 꾸란에서 언급하고 있는 이 '사바(سبإ)여왕'을, 성경 열왕기상 10장과 역대하 9장에서는 '스바여왕'이라고 기록하고 있다.
또 성경에서는 꾸란에서와는 달리, 스바 여왕이 솔로몬의 명성을 듣고서, 여러 가지 어려운 질문으로 솔로몬을 시험하려 보려고, 먼저 솔로몬을 방문했다고 기록하고 있다.

2) 후드후드를 통해 사바(스바)여왕과 그녀의 나라에 대한 이야기를 들은 솔로몬은, 사바(스바)여왕에게 항복을 요구하는 서신을 보내게 되었다. (27:27~31)

→ 성경에는 꾸란에서와는 달리, 솔로몬이 스바여왕에게 항복을 요구했다는 기록이 없다.

꾸란에서 후드후드라고 하는 새

3) 솔로몬으로부터 '항복하라'는 서신을 받은 사바(스바)여왕은, 항복 대신에 사신을 통해 솔로몬에게 선물을 보내어 솔로몬의 반응을 알아보았다. (27:35, 36)

→ 성경에서도 스바여왕이 솔로몬에게 많은 선물을 주었다는 기록은 있다. 하지만 솔로몬의 항복 요구에 따라, 그에 대처하기 위한 방편으로서 준 선물이라고 기록하고 있는 꾸란과는 다른 의미로서의 선물을 언급하고 있다.

성경에 따르면, 스바여왕은 자원하여 먼저 수많은 선물을 가지고 솔로몬을 방문했다. 솔로몬 역시 스바여왕의 선물에 여러 답례품과 스바여왕이 원하는 것은 모두 주었다고 기록하고 있다. (열왕기상 10장, 역대하 9장)

4) 사바(스바)여왕이 항복 대신에 선물을 보낸 것에 화가 난 솔로몬은, "그의 군대를 이끌고 사바(스바)여왕의 나라로 가서 그곳을 점령하고, 그곳의 사람들을 쫓아내버리겠다"고 사바여왕의 사신에게 말했다. (27:37)

→ 성경에서는 솔로몬과 스바여왕 사이에, 전쟁과 관련된 선전포고 같은 내용을 기록하고 있지 않다.

5) 솔로몬은 그의 부하들에게 "누가 사바(스바)여왕의 왕좌(보좌, 옥

좌)를 내게 가져오겠느냐?"라고 물었다. 그리고 그 말을 들은 사람들 중 성서에 대한 지식을 가진 어떤 사람이 정말 솔로몬 앞에 사바(스바)여왕의 왕좌를 가져다 놓았다. (27:38~40)

→ 성경은 스바여왕의 왕좌와 관련된 내용을 기록하고 있지 않다.

6) "군대를 이끌고 가서 스바여왕의 나라를 점령해버릴 것이라" 는 솔로몬의 말을 사신을 통해 전해들은 사바(스바)여왕은, 직접 솔로몬에게 찾아와 항복했다. (27:42)

→ 성경에는 스바여왕이 솔로몬에게 정치적으로 항복했다는 기록이 없다.

7) 마치 넓디넓은 수면처럼 유리판이 매끄럽게 깔린 솔로몬의 유리궁궐을 본 사바(스바)여왕은, 세상의 주님이신 알라께 복종하게 되었다. (27:44)

→ 꾸란의 위의 내용 즉 솔로몬의 유리궁궐이나 스바여왕이 알라께 복종하게 되었다는 등의 내용을, 성경에서는 소개하고 있지 않다.

14. 솔로몬 통치기에 '성서를 받은 자들'은 알라를 믿지 않고 사탄을 따르며 사람들에게 마법을 전파했다. 그러나 솔로몬은 알라를 믿었다. (2:102)

→ '성서를 받은 자들'이란, '이스라엘 백성들'을 말한다. 꾸란은 성경과는 달리, 솔로몬이 끝까지 알라만을 경배했다고 말한다.

제14장
꾸란에서 말하는 엘리야^(일리야스)

성경의 엘리야을 꾸란에서는 '일리야스(الياس)'라고 한다. 꾸란에는 일리야스(엘리야)에 대한 이야기가, 성경에 비해 매우 적게 소개되고 있다. 그러나 일리야스(엘리야)는 무슬림들에게 매우 사랑받는 선지자이다. 많은 무슬림들이 이 선지자의 이름을 따서, 그들의 아들의 이름을 짓는 것을 볼 수 있다.

꾸란의 '일리야스'에 대해 알아보자.

1. 엘리야는 알라의 메신저(라술)들 가운데 한 명이었다. (37:123)
2. 엘리야가 그의 백성들에게 바알을 버리고 그들의 주님이신 알라께로 돌아올 것을 말했을 때, 그의 백성들은 그를 거짓말쟁이로 여겼다. (37:124~127)
3. 엘리야는 선을 행하고 알라를 믿는 알라의 종이었다. (37:131, 132)
4. 엘리야는 선한(의로운) 사람이었다. (6:85)

제15장
꾸란에서 말하는 엘리사^(엘야사아)

성경의 엘리사를 꾸란에서는 '엘야사아(اليَسَع)'라고 한다. 꾸란의 '엘야사아'에 대해 알아보자.

1. 엘리사는 알라에 의해 세상 사람들 중에서 선택받은 사람이다. (6:86)
2. 엘리사는 가장 선하신 분으로부터 왔다. (38:48)

제16장
꾸란에서 말하는 요나^(유누스)

성경의 요나를 꾸란에서는 '유누스(يونس)'라고 한다. 꾸란의 '유누스'에 대해 알아보자.

1. 요나는 알라의 선택을 받아 알라의 메신저^(라술)가 되었다.

❀ 알라께서는 사람들 위에 요나를 선택하셨고 인도하셨다. (6:86)

❀ 요나는 알라의 메신저(라술)들 가운데 한 명이었다. (37:139)

2. 알라는 요나에게 계시를 주셨다. (4:163)

3. 요나가 알라의 명을 어기고, 배로 도망쳤다.

❀ 요나는 화를 내면서 떠나갔다. 그리고 알라께서 그에게 고통을 주지 않을
   것으로 생각했다. (21:87)

   → 요나에 대한 꾸란 내 다른 구절들과는 달리, 꾸란 21:87에서는 요나의 이름이 다
     른 꾸란 구절들에서 사용한 이름인 '유누스'라고 언급되어 있지 않고, '안눈(النون)'
     이란 이름으로 소개되고 있다. 그러나 이 구절이 요나를 가리키는 것이라는 데에

는 학자들 사이에 이견이 없는 편이다. 따라서 필자 역시 이 '안눈(النون)'이 요나를 가리키는 것으로 이해하여 기록하였다.

❁ 요나는 짐이 가득한 배(ferry)로 도망쳤는데(37:140), 그곳에서 따로 분리되었고, 질문(의심)받을 수 있는 자들 중에 있었다. (37:141)

4. 요나가 물고기 뱃속에서 회개했다.

❁ 물고기가 요나를 삼켜버렸다. 그래서 요나는 후회했다. (37:142)

❁ 요나는 깊은 어둠 속에서 울면서 "당신(알라) 이외에 다른 신은 없습니다. 당신(알라)을 찬양합니다. 저는 진실로 죄인들 중에 있었습니다"라고 말했다. (21:87)

→ 위의 꾸란 21:87에서는 요나를 '안눈(النون)'으로 표시했다.

❁ 만약 요나가 알라를 찬양하는 자 중에 있지 않았다면, 그는 그들이 일으켜지는 날(심판의 날)까지 물고기 뱃속에 있었을 것이다. (37:143, 144)

❁ 요나는 비탄에 잠겨 부르짖을 때 물고기의 동반자가 되었다. 그의 주님으로부터 은혜가 내리지 않았다면, 그는 불모의 땅에 던져져 비난을 받았을 것이다. 그러나 그의 주님께서는 그를 택하셨고 의인 중에 있게 하셨다. (68:48~50)

→ 위의 꾸란 68:48~50에는 '요나'라는 이름이 언급되지 않는다. 그러나 이 꾸란 구절이 요나에 대한 이야기라는 데 의심의 여지가 없다.

5. 알라께서 요나를 황량한 해변으로 올려놓았는데, 그때 요나는 병을 앓고 있었다. (37:145)

→ 성경에서는 물고기 뱃속에서 구원함을 받은 요나가 병을 앓고 있었는지에 대해서는 언급하고 있지 않다. (요나 2:10)

6. 알라께서는 요나 위로 박나무가 자라게 하셨다. (37:146)

7. 알라께서는 요나를 10만 명 이상의 백성들에게 보내셨다.
(37:147)

→ 성경에서는 요나가 알라로부터 보냄받은 지역의 백성 수가, 12만 명 이상의 큰 도시라고 소개하고 있다. (요나 4:11)

8. 요나가 보냄받은 지역의 백성들이 믿었기 때문에, 알라께서는 그들에게 한동안 양식을 베풀어 주셨다. (37:148 ; 10:98)

요나의 묘지를 파괴하는 이슬람국가(IS) 전사

☞ 요나와 관련하여 꾸란에서는 성경에서처럼 상세하게 기록하고 있지는 않는다. 예를 들면 요나가 알라로부터 선지지로 보냄받은 지역이 어디인지, 또 요나가 어디로 도망가려 했는지, 요나가 도망가려 했던 이유는 무엇인지 등이 소개되어 있지 않다.

제17장
꾸란에서 말하는 마리아(마르얌)

성경의 마리아를 꾸란에서는 '마르얌(هزيم)'이라고 한다. 마리아(마르얌)는 꾸란에 등장하는 여인들 중 가장 중요하고 찬사를 받은 여인으로, 무슬림들에게 가장 사랑받는 여인들 중 한 명이라 할 수 있다.

꾸란의 '마르얌'에 대해 알아보자.

1. 마리아의 부모

❀ 이므란의 딸이다. (3:35 ; 66:12)

❀ 마리아의 어머니는 뱃속에 있는 아이(마리아)가 아들일 것이라 생각하고 그 아이를 알라께 바쳤다. (3:35)

❀ 어머니는 딸의 이름을 '마리아'라고 지으며, 마리아와 마리아의 자손들을 사탄으로부터 보호해달라고 기도했다. (3:36)

  → 성경에는 위의 꾸란 내용이 없다.

2. 마리아는 자카리아(사가랴)의 보호를 받으며 성장했다.

✿ 마리아는 훗날 야흐야(세례요한)의 아버지가 되는 자카리아(사가랴)의 보호를 받으며 성장한다. (3:37)

→ 성경에는 위의 꾸란 내용이 없다.

3. 마리아는 순결한 여성으로 알라의 선택을 받았다.

✿ 마리아는 알라로부터 선택받았고, 알라께서는 그녀를 순결하게 하셨다. (3:42)

✿ 마리아는 스스로 정절을 지켰다. 그래서 알라께서는 알라의 영혼을 마리아 속에 불어 넣었다. 마리아는 알라의 말씀과 성경을 믿었으며 순종하는 자 중에 있었다. (66:12)

☞ 성경에서는 마리아가 남자를 알지 못하는 동정녀로 순결한 여성이라고 말한다. (마태복음 1:23 ; 누가복음 1:34)

4. 마리아는 (남자와의 관계 없이) 알라에 의해 아이를 잉태하게 된다. (3:37, 47)

→ 성경에 따르면, 마리아는 동정녀로, 성령에 의해 잉태하게 되었다. (누가복음 1:35)

5. 마리아는 예수의 어머니이다. (3:45)

→ 성경에 따르면, 동정녀 마리아가 낳은 아들의 이름은 '예수'이다. (마태복음 1:21 ; 누가복음 1:31)

제18장

꾸란에서 말하는
세례요한^(야흐야)과 사가랴^(자카리아)

성경의 세례요한을 꾸란에서는 '야흐야(يحيى)'라 하고, 그의 아버지 사가랴를 꾸란에서는 '자카리아(زكريا)'라고 한다.

꾸란의 '야흐야'와 그의 아버지 '자카리아'에 대해 알아보자.

1. 자카리아(사가랴)

1) 자카리아(사가랴)는 마리아(마르얌)의 보호자가 되었다.

✿ 자카리아(사가랴)는 알라로부터 이므란의 딸이면서 장차 예수를 낳게 되는 마리아(마르얌)의 보호자가 되라는 명을 받았다. (3:37)

2) 자카리아(사가랴)는 알라께 순결한 자녀를 달라고 기도했다.

✿ 자녀가 없던 자카리아(사가랴)는, 남자를 알지 못하던 마리아를 임신시키신 알라의 능력과 "알라께서는 원하시는 자에게 끝없이 주시는 분이다"라고

고백한 마리아의 말을 듣고 도전을 받아, 순결한 자녀를 달라고 알라께 기도를 하게 되었다. (3:37, 38)

→ 성경에서는 세례요한의 어머니인 엘리사벳이 먼저 임신을 하고, 그 후에 예수의 어머니인 마리아가 잉태를 하게 되는 것으로 소개하고 있다.
반면에 꾸란에서는 마리아가 먼저 예수를 잉태하고, 그 후에 자카리아(사가랴)의 아내가 세례요한(야흐야)을 잉태하는 것으로 즉 반대로 소개하고 있다.

❀ 자카리아(사가랴)는 알라께 자손을 달라고 기도했고, 알라께서는 그의 기도를 들으시고 요한(야흐야)을 그의 아들로 주셨다. (19:3~7 ; 21:89, 90)

3) 자카리아(사가랴)는 알라의 천사로부터 아들 잉태 소식과 침묵 명령을 받았다.

❀ 세례요한(야흐야)의 아버지 자카리아(사가랴)는 알라의 천사로부터 세례요한(야흐야)의 잉태 소식을 들으면서, 3일 동안 사람들과 말하지 말고 일종의 침묵하라는 말을 들었다. (3:41 ; 19:10)

→ 성경에 따르면, 세례요한의 잉태 소식을 접한 사가랴(자카리아)는 그의 아들 세례요한이 세상에 태어날 때까지 10개월이란 기간 동안 말을 할 수 없는 벙어리 상태가 되고 만다.
그러나 꾸란에서는 자카리아(사가랴)가 말을 못하는 벙어리 상태가 된 적이 없으며, 알라의 뜻에 따라 자의적으로 3일 동안 침묵한 것이라고 말한다.

❀ 알라로부터 아들을 낳게 될 것이라는 징표를 듣게 된 자카리아(사가랴)는, 밖으로 나와 사람들에게 몸짓으로 "아침 저녁으로 알라를 찬양하라"고 말하였다. (19:11)

2. 세례요한(야흐야)

1) 세례요한은 자카리아(사가랴)의 아들로서 그 이름은 '야흐야(يحيى)'이다. (3:39 ; 19:7)

2) 세례요한(야흐야)은 나이 많은 늙은 아버지와 아이를 가질 수 없는 불임 상태였던 어머니 사이에서, 알라의 뜻에 의해 태어났다. (3:40 ; 19:4~8)

3) 알라께서는 세례요한(야흐야)에게 "성서를 힘있게 잡으라"라고 말씀하셨고, 어릴 적부터 그에게 지혜를 주셨다. (19:12)

4) 알라께서는 세례요한(야흐야)에게 부드러움(친절함)과 순수함을 주셨고, 그는 경건했다. (19:13)

5) 세례요한(야흐야)은 그의 부모에게 효도(진실)했고, 거만하거나 거역하지 않았다. (19:14)

6) 알라께서는 세례요한(야흐야)에게 태어나는 날과 죽는 날에 평화를 주셨고, 그가 다시 살아나는 날에도 평화를 주실 것이다. (19:15)

7) 세례요한(야흐야)은 알라의 말씀을 증거할 것이며, 정의로운 자에게서 온 고상하고 순결한 예언자이다. (3:39)

제19장
꾸란에서 말하는 예수^(이사)

이슬람에서는 예수님에 대해 철저히 알라의 선지자들 중 한 명, 그리고 인간 마리아의 아들이라고 믿는다. 하나님의 아들로서의 예수님에 대해 반대한다. 그러면서도 최후 심판의 날 다시 올 것을 믿는다.

성경의 예수님을 꾸란에서는 '이사' 또는 '아이사(عيسى)'라고 한다. 꾸란에서 말하는 '이사(아이사)'는 어떤 모습일까? 꾸란의 '이사(아이사)'에 대해 알아보자.

1. 성경과 비슷한 꾸란의 이사(예수)

1) 예수님의 출현은 구약의 예언을 성취하기 위함이다. (3:50 ; 5:46, 48 ; 61:6)

2) 예수님은 알라의 말씀(كلمة)이다. (4:171)

3) 예수님은 아버지의 행위 없이 동정녀의 몸으로 탄생했다. (3:47 ; 19:20, 21)

4) 예수님의 탄생은 기쁜 소식(복음)이다. (3:44, 45)

5) 예수님은 마리아의 아들이다. (3:45)

6) 예수님은 메시아이다. (3:45 ; 4:171 ; 5:75)

→ 그러나 성경과 꾸란에서의 메시아에 대한 의미가 서로 다르다.

성경에서의 메시아(그리스도)는 사전적으로는 '기름부음 받은 자'라는 뜻이지만, 신앙적으로 '구세주'와 '하나님의 아들' 등의 의미를 갖고 있다.

그러나 꾸란에서의 메시아는, 인간 마리아의 아들 예수를 가리키는 '호칭' 정도에 지나지 않는다.

7) 알라는 예수에게 명백한 증거를 주고, 성령으로 강하게 하였다. (2:87, 253)

8) 예수님은 흠이나 결점 등의 죄가 없으신 의로운 분이시다. (19:19)

→ 반면에 꾸란에 의하면, 무함마드를 비롯한 다른 선지자들은 결점이 있고 과오가 있는 죄인이다. (47:19, 40:55, 48:2)

9) 예수님은 온갖 기적을 행하셨다.

→ 그러나 꾸란은 무함마드가 어떤 기적도 행치 못했다고 증거한다. (6:37)

❀ 예수님은 흙으로 새를 만들었다. (3:49 ; 5:2, 110)

❀ 예수님은 눈먼 자와 나병 환자를 고쳤다. (3:49 ; 5:110)

❀ 예수님은 죽은 자를 살렸다. (3:49 ; 5:110)

10) 예수님은 죽으셨다(사망). (3:55 ; 5:117)

"알라께서 말씀하셨다. '야 예수여, 내가 진실로 너를 사망케 했고 (مُتَوَفِّيكَ), …'."

→ 이슬람 측에서는 일반적으로 예수님의 죽으심을 부인한다. 꾸란 4:157, 158과 5:110 같은 일부 구절들을 보면, "예수는 십자가에서 못박히지 않았으며, 따라서 십자가에서 죽지도 않았다. 단지 십자가에 못박힌 것처럼 보이도록 한 것뿐이며, 알라께서는 예수를 구출하여 승천 즉 알라께로 높이셨다"고 기록하고 있다.

또 이슬람 측에서는 일반적으로 예수는 살아있는 상태로 알라께 승천했고, 언젠가 세상에 다시 와서 지상에서 자연사할 것이라고 믿는다.

이런 꾸란의 몇몇 구절들과 이슬람 측의 입장 때문에, 최영길 씨가 번역하고 한국 이슬람중앙회에서 사용하는 꾸란한국어 번역본 역시, 꾸란 3:55을 "하나님이 말씀하사 예수야 내가 너를 불러 내게로 승천케 한 너를 다시 임종케 할 것이라……" 라고 번역해 놓았다.

그러나 위의 최영길의 번역은 아랍어로 된 꾸란에 충실하지 않은 자의적 해석 즉 예수는 세상에 있는 동안 죽지 않았다는 이슬람 측의 입장을 대변한 고의적인 오역이라 할 수 있다.

따라서 기존의 이슬람 측의 입장이 아닌, 꾸란 아랍어 본문에 충실하게 번역하면 이렇게 번역할 수 있다.
위의 꾸란 3:55에 나오는 "무타왚피카(مُتَوَفِّيكَ)"라는 어휘는 "너를 죽게 했다" 즉 "너를 사망케 했다"라는 의미를 가지고 있다.
그리고 곧바로 뒤를 이어 기록된 "라피우카 일라이야(وَرَافِعُكَ إِلَيَّ)"라는 어휘는 "너를 내게로 올렸다"라는 의미로 예수님이 승천했음을 의미한다.

결국 위의 꾸란 3:55은 "알라께서 말씀하셨다. '야 예수여, 내가 진실로 너를 사망케 했고(مُتَوَفِّيكَ), 너를 내게로 올렸고(승천=رَافِعُكَ), …'."로 번역해야 한다.

11) 예수님은 알라께로 승천하셨다. (3:55 ; 4:158)

→ 그러나 무함마드는 죽어 632년 6월 8일에 이 땅에 묻혔다. 꾸란은 무함마드의 승천을 말하지 않는다.

12) 예수님은 마지막 심판의 날의 증표로서 재림 즉 다시 오실 것이다. (43:61-63)

13) 예수님의 제자들은 예수님을 믿었지만, 유대인들은 예수님을 믿지 않았다. (3:52, 53)

2. 성경과 다른 꾸란의 이사(예수)

1) 예수는 대추야자가 익었을 때 태어났다. (19:25)

　　→ 이슬람 측에서는 8~9월 정도에 예수님이 태어났을 것으로 판단한다.

2) 예수는 요람(아기 침대)에서 사람들에게 말을 했다. (3:46 ; 5:110)

　　→ 즉 이 구절은 예수가 아기 때부터 말을 하는 특별한 분임을 강조하는 표현이다.
　　　(3:46)

3) 예수는 아담의 경우와 같이, 알라께서 먼지로부터 만들었다. (3:59)

4) 예수는 알라로부터 이스라엘 자손에게 메신저(라술, رسول)로만
보내심을 받았다. (3:49)

5) 예수는 알라의 메신저(라술)이다. (3:49, 53 ; 4:157, 171 ; 5:75)

6) 예수는 이스라엘 백성에게 보내진 알라의 메신저(라술)로서,
예수보다 먼저 내려진 모세오경(타우라)을 실현시키고, 예수 이
후에 올 그 이름이 '아흐마드(احمد)'인 메신저(라술)에 대한 기쁜
소식을 전하기 위해 왔다. (61:6)

7) 예수 스스로 자신에 대해 '알라의 종(عبد)', '알라의 예언자(نبي)'
로 고백하고 있다. (19:30)

8) 예수는 종(عبد)일 뿐이다. (43:59)

9) 예수는 마리아의 아들로서 알라의 메신저(라술)일 뿐이지, 알
라의 아들은 아니다. 알라에게는 아들이 없으며, 따라서 알라

는 세 분이 아니고 유일하신 신이다. (4:171 ; 5:73)

10) 예수는 알라나 알라의 아들이 아니다. (5:17, 18, 72)

11) 예수는 십자가에서 못박히지 않았으며, 따라서 십자가에서 죽지도 않았다. 단지 십자가에 못박힌 것처럼 보이도록 한 것 뿐이며, 알라께서는 예수를 구출하여 승천 즉 알라께로 높이셨다. (4:157, 158 ; 5:110)

12) 알라는 예수와 그의 어머니 마리아에게 푸른 골짜기와 흐르는 물과 샘이 있는 높은 땅을 그들의 피난처(안식처)로 주었다. (23:50)

이슬람 측에서 생각하는 성경의 예수와 꾸란에서의 이사(예수)에 대한 생각을 저울로 묘사해 놓은 그림이다. 왼쪽의 더 가벼운 저울은 성경의 예수를 표현한 것이고, 오른쪽의 더 무거운 저울은 꾸란의 이사(예수)를 표현한 것이다. 위 그림은 예수에 대한 꾸란의 기록이 옳은 것이고, 성경의 기록은 잘못된 것임을 묘사한 그림이다.

제20장
꾸란에서 말하는 무함마드

1. 꾸란에서 말하는 무함마드

1) 무함마드는 알라로부터 계시를 받았고, 또 그 계시를 전하라는 명을 받았다.

✤ 무함마드는 이전의 예언자들처럼 알라로부터 계시를 받았다. (4:163 ; 42:3)

✤ 무함마드는 계시를 사람들에게 전하라는 알라의 명을 받았다. (5:67)

2) 알라께서 보내신 자들 중의 한 명이다. (36:3)

3) 무함마드는 알라의 메신저(라술)요, 증인이요, 복음전도자요, 경고자이다.

✤ 알라께서는 무함마드를 증인(شاهد), 복음전도자(مُبَشِّر), 경고자(نذير)로 보냈다. (33:45 ; 34:28 ; 48:8 ; 2:119 ; 46:9)

✤ 인간을 위해 알라께서 보내신 메신저(라술)이다. (4:79 ; 7:158)

✤ 모세가 알라의 메신저(라술)로서 파라오(바로)에게 보내졌듯이, 무함마드는

무슬림들에게 알라의 메신저(라술)와 증인(샤히드)으로서 보내졌다. (73:15)

✿ 무함마드는 평범한 경고자이다. (22:49)

4) 무함마드는 이전 성경의 메신저(라술)들의 계승자이며, 알라의 마지막 예언자이며, 성경에 예언되어있다.

아래의 꾸란 구절들은 소위 이슬람 성취론(완성론)의 근거가 되는 꾸란 구절들이라 할 수 있다.

아래의 꾸란 구절들에서 볼 수 있듯이, 꾸란에서는 무함마드야말로 이전의 모든 알라의 선지자들 중 알라의 마지막 선지자로서, 가장 위대한 선지자 즉 선지자들의 완성(성취)임을 말한다.

또 선지자들의 완성인 무함마드가 전한 이슬람과 꾸란이야말로 유대교나 기독교와 같은 이전의 종교들과 이전의 성경들을 완성(성취)하는 참된 알라의 완성(성취)된 종교이며, 알라의 성취(완성)된 최종 계시의 말씀, 즉 경전이라 말한다.

✿ 무함마드는 사람(남자들)의 조상이 아니라, 알라의 메신저(라술)이며, 예언자들의 봉인(반지, 도장) 즉 마지막 예언자이다. (33:40)

→ 이 꾸란 구절에 따라 무슬림들은 무함마드를 알라의 마지막 선지자로 여기며 무함마드에게 집중하려고 한다.

✿ 무함마드는 새로운 것을 전하러 온 메신저(라술)가 아니며, 자신에게 계시된 것을 단지 전하는 경고자(نذير)일 뿐이다. (46:9)

→ 위 꾸란 구절에 따르면, 이슬람과 무슬림은 무함마드 이전부터 존재했었다고 할 수 있다. 그리고 무함마드는 이슬람이란 새로운 종교를 만들려 한 것이 아니라, 이전의 아브라함과 노아와 모세와 예수와 같은 알라의 메신저(라술)들이 전하던 그것을 다시 전하는 사람이란 것을 알 수 있다.

❀ 알라께서는 성서의 백성들이 성서에서 숨겨온 많은 것들과 지나쳐버린 많은 것들을 분명히 드러내시기 위해 알라의 메신저(라술)로서 무함마드를 보냈다. (5:15)

→ 위에서 성서의 백성들이란 기독교인들과 유대교인들을 말한다.

그리고 꾸란은 무함마드가 알라의 메신저(라술)로 오게 된 이유가, 결국은 성서의 백성들인 유대교인들과 기독교인들이 알라의 뜻을 온전히 이루지 못했기 때문이라고 밝힌다.
그러면서, 무함마드가 알라의 메신저(라술)로 세상에 올 수밖에 없었던 당위성을 제시한다.

위의 꾸란 구절과 같은 몇몇 꾸란 구절들에 따라 무슬림들은 유대교인들과 기독교인들이 알라께서 그들에게 내린 성서의 본 뜻을 의도적으로 감추거나 무시하고 있다고 생각한다.

❀ 무함마드는 무슬림들과 예언자, 노아, 아브라함, 모세, 마리아의 아들 예수로부터 언약(계약=ميثاق)을 받았다. (33:7)

→ 이 꾸란 구절 역시 무함마드가 이전의 알라의 메신저(라술)들의 뒤를 잇고 있음을 강조하는 표현이라 할 수 있다.

❀ 무함마드는 성경(오경과 복음서)에 예언되어 있다. (7:157 ; 11:17 ; 46:10, 12)

→ 성경 신명기 18:15~22(모세와 같은 예언자 한 사람), 요한복음 14:16(보혜사 성령 약속 구절)의 예언이 바로 무함마드를 예언한 것이라고 이슬람 측에서는 주장한다.
이 꾸란 구절 역시 무함마드가 모세나 예수와 같이 이전의 알라의 메신저(라술)들의 뒤를 잇고 있음을 강조하는 표현이라 할 수 있다.

❀ 알라께서는 무함마드에게 말씀하시지 않은 것은, 무함마드 이전의 메신저(라술)들에게도 말씀하시지 않으셨다. (41:43)

→ 이 꾸란 구절에서 이전의 메신저(라술)들이란 아브라함, 노아, 모세, 예수와 같은 무함마드 이전의 위대한 알라의 메신저들을 말한다.
그러면서 이전의 어떤 메신저들보다 무함마드가 가장 위대한 메신저(라술)임을 강조한 표현이라 할 수 있다.

❀ 무함마드는 메신저(라술)들의 공백 기간 이후에 보내졌다. (5:19)

5) 무함마드에게 충성하고 복종하며 따르라. 그러면 알라로부터 복과 사랑과 죄사함을 받을 것이다.

❀ 무함마드에게 성실(충성)할 것을 맹세하는 자는, 알라에 대해 성실(충성)할 것을 맹세하는 것과 같다. (48:10)

❀ 무함마드에게 복종하는 자는 알라께서 알라의 복을 주시는 자들 사이에 서게 된다. (4:69)

❀ 무함마드에게 복종하는 자는 알라께 복종하는 자이다. (4:80)

❀ 무함마드를 따름으로서 인간은 알라의 사랑과 죄사함을 얻을 수 있다. (3:31)

→ 위의 꾸란 구절들에서 알 수 있듯이, 무함마드는 꾸란에서 단순한 인간이 아니다.
신(알라)을 대신하는 자로서, 그에게 충성하고 복종하며 따르는 것은 곧 신(알라)에게 한 것이 되어, 알라의 은혜 심지어 죄사함까지 받게 된다.
때문에 무슬림들은 그들의 선지자인 무함마드에 대한 명예를 대단히 소중히 여겨, 자칫 그 명예가 훼손되었다고 판단될 경우, 폭력적 지하드(성전)까지도 마다하지 않는 것을 볼 수 있다.
또한 실제로 이슬람 국가들에서는 알라가 아닌, 무함마드에 대한 단순한 비방 같은 것에도 단순한 발언으로 여기지 않고, 신성 모독의 죄로 다스리는 것을 볼 수 있다.

6) 무함마드를 거역하고 비방하며 해를 끼치는 자는 저주의 형벌을 받고 지옥에 갈 것이다.

❀ 무함마드에게 해를 끼치는 자들은 가혹한 형벌을 받을 것이다. (9:60)

❀ 무함마드를 거역하는 자에겐 지옥의 불길이 준비되어 있다. (9:62)

❀ 무함마드를 비방하는 자들에 대해 알라는 현세와 사후 세계에서 저주하셨으며, 그들에 대한 모욕적인 벌을 준비하셨다. (33:57)

→ 위의 꾸란 구절들에서 알 수 있듯이, 무함마드에 대한 거역이나 비방 같은 것은 꾸란에서 지옥에 처해질 정도로 큰 죄이다.
때문에 무슬림들은 그들의 선지자에 대해 일체의 비방을 하지 않는다. 오히려 지나쳐보일 정도로 무함마드에 대한 존경과 애정이 깊은 것을 볼 수 있다.

7) 무함마드는 알라와 가까운 자이다.

✿ 무함마드는 알라와 더욱 가까이 되었다. (53:8, 9)

✿ 무함마드는 알라에게 더욱 가까이 되었으며, 알라를 두 번째로 보았다.

(53:8~13)

8) 무함마드는 뛰어난 인격을 소유한 본보기이다.

✿ 무함마드는 뛰어난 품성을 지녔다. (68:5)

✿ 무함마드는 인간에 대한 좋은 본보기이다. (33:21)

✿ 무함마드는 올바른(올곧은) 길에 있는 자이다. (36:4)

✿ 무함마드는 사람들에게서 어떤 보상도 바라지 않았다. (23:72)

9) 알라께서는 무함마드를 보호하시고 버리지 않으시고 노하시지도 않으셨다.

✿ 천사들이 알라의 명에 따라 무함마드를 보호하고 구하였다. (13:11)

✿ 알라는 무함마드를 버리시지 않으셨고, 그에게 노하시지도 아니하셨다.

(93:3)

10) 무함마드는 알라의 자비요, 등불이다.

✿ 알라께서는 무함마드를 밝은 빛을 내는 등불(سراج)로 보냈다. (33:46)

✿ 무함마드는 모든 인류에 대한 자비(رحمة)로써 보내졌다. (21:107)

11) 무함마드에게 불편을 끼치지 말며, 무슬림들의 어머니와 같

은 그의 아내들과 결혼하지 말라.

❀ 예언자(무함마드)의 집엔 별도의 허락 없인 들어가지 말라. (33:53) 초대를 받아 들어가더라도 식사가 끝나면 말참견하지 말고 흩어지라. (33:53)

❀ 무함마드에게 불편을 끼치지 말라. (33:53)

❀ 무함마드의 아내들은 무슬림들의 어머니와 같다. (33:6)

❀ 무함마드가 죽은 후, 결코 그의 아내들과 결혼하지 말라. 무함마드의 아내들과 결혼하는 것은 알라께서 보시기에 크나큰 잘못이다. (33:53)

→ 때문에 무함마드의 아내들은 무함마드 사후에도 재혼을 할 수 없었다.

12) 무함마드는 비무슬림들에게 환영받지 못했다.

❀ 무함마드는 불신자들로부터 미친 사람이라는 소리를 들었다. (68:2~6)

❀ 유대교인들과 기독교인들은 무함마드가 그들의 강령(종교, 신조)을 따르기 전에는 무함마드를 반기지 않을 것이다. (2:120)

13) 무함마드에 대한 그 밖의 표현들

❀ 무함마드는 알라로부터 많은 것을 받았다. (108:1)

→ 이것은 무함마드가 알라로부터 윤택함의 은총을 받았다는 의미이다.

❀ 무함마드에 대해 축복을 빌고 평화로 그에게 인사해야 한다. (33:56)

❀ 무함마드의 진실을 증언할 증인이 나타날 것이다. (11:17)

❀ 무함마드에게 생기는 모든 악한 일은 무함마드 자신으로부터 나온 것이고, 무함마드에게 생기는 모든 좋은 일은 알라로부터 온 것이다. (4:79)

→ 이 꾸란 구절은 무함마드 역시 악한 것으로부터 자유롭지 못한 연약한 존재임을 드러내는 구절이라 할 수 있다.

❀ 무함마드는 현세에서 무함마드 자신과 무슬림들에게 어떤 일이 일어날지 아는 바가 없다. (46:9)

→ 이 꾸란 구절은 무함마드에게 어떤 특별한 신적 능력이 없었음을 의미한다. 그러나 꾸란에서의 이사(예수)는 신적 능력을 가지고 있다.

✿ 무함마드는 글을 읽지 못하는 문맹자였다. (10:16)

2. 간략한 무함마드의 생애

무함마드는 꾸라이쉬 부족의 하쉼가 출신이다. 그는 복중에 있었을 때, 그의 아버지 '아브달라'가 죽으면서 유복자로 지금의 사우디아라비아 메카에서 태어났다. 그러나 그의 어머니도 병에 걸려 죽게 되면서 고아가 되었다. 그후 할아버지 '아브달 무딸랩'에 의해 자라다가 할아버지가 죽자, 삼촌 '아부 딸립'에 의해 성장했다.

12세엔 가난한 대상이었던 삼촌 아부 딸립을 따라 다녔고, 그후엔 목동 일을 했다.

그러다 삼촌의 주선으로 부유한 과부였던 카디자의 대상 일을 도와주다가, 12세 연상이었던 카디자와 결혼했다. 카디자와의 결혼 이후, 경제적으로는 먹고 살 걱정을 하지 않아도 될 만한 여유를 갖게 되었다.

그후 무함마드는 금식하고 사색하며 진리를 찾기 시작했다. 그러던 어느 날 무함마드는 히라 동굴에서 명상을 하던 중, 영적 체험을 하게 되었다. 무함마드는 겁에 질려 집으로 돌아왔는데, 부인 카디자가 무함마드를 진정시키고, 자신의 사촌이었던 와라카 이븐 나우팔에게 가서 사정을 설명하였다.

와라카 이븐 나우팔은 무함마드가 만난 것이 천사 지브릴(가브리엘)이었다며, 무함마드가 예언자라고 말하였다.

카디자는 집으로 돌아와 무함마드에게 모두 말한 후 최초의 무슬림이 되었다.

그후 무함마드는 메카에 살던 여러 사람들에게 이슬람을 전하기 시작했지만, 당시 메카 사람들은 그를 알라의 선지자로 환영해주지 않았다.

메카에서 여러 어려움들을 겪다가 그를 따르던 사람들을 데리고 결국 메디나로 이주하게 되었다. 메디나에서 세력을 확장하게 되었고, 나중엔 다시 메카까지 정복하게 되었다.

무함마드는 죽을 때까지 많은 정복 전쟁을 치루며 이슬람을 확장시켰다. 그리고 632년 6월 8일(이슬람력 11년 3월 13일) 애처 아이샤가 지켜보는 가운데 메디나의 자택에서 사망하였다.

사우디아라비아 메디나에 있는 무함마드의 무덤

인용 및 참고자료

『성 꾸란(القران الكريم) 아랍어본』

『성 꾸란 의미의 한국어 번역』, 최영길역, 파라드 국왕 꾸란 출판국, 사우디아라비아 메디나

『한글 새번역 성경』

『꾸란의 이해』, 공일주 저, 한국외국어대학교 출판부, 서울, 2010년판

『이슬람이란 무엇인가?』, 후세인 키르데미르 & 이형주, 국제무슬림학생연합회, 서울

한국이슬람중앙회(http://www.islamkorea.com) 홈페이지 자료